Couvertures supérieure et inférieure manquantes

# INTRODUCTION

### AUX

# ESSAIS DE MONTAIGNE

EDME CHAMPION

# INTRODUCTION

AUX

# ESSAIS DE MONTAIGNE

Armand Colin & C<sup>ie</sup>, Éditeurs

Paris, 5, rue de Mézières

1900

Tous droits réservés

# AVANT-PROPOS

L'étude des modifications successives que Montaigne fit au texte de son livre, est recommandée depuis longtemps. Elle devait, disait-on, « donner le moyen de suivre, pour ainsi dire an par an et pas à pas, l'homme et l'écrivain, dans les vicissitudes de sa vie et le développement parallèle de sa pensée ».

Pourquoi la recherche dont on attendait un tel fruit, n'a-t-elle pas encore été exécutée ni même entreprise?

Sans doute, ceux qui la préconisaient si fort, ne la jugeaient pourtant pas indispensable. On sentait bien qu'il y avait quelque chose à faire; malgré cela, on s'imaginait connaître Montaigne à fond, de même que l'on s'est imaginé connaître Pascal avant l'année 1842. Ernest Havet a dit l'étonnement, l'émotion du public qui croyait avoir les *Pensées*, le jour où Cousin lui apprit qu'il ne les avait pas et que la vraie parole de Pascal était plus hardie encore, plus violente, plus étonnante de toute manière, que ce qui avait paru si original dans les éditions données par Port-Royal et par Condorcet.

Il s'agit aujourd'hui, pour Montaigne, d'un renouvellement non moins considérable que celui qui eut lieu pour Pascal par la publication de son manuscrit. Les diverses éditions des *Essais* y contribueront grandement; toutefois, si l'on se bornait à les comparer les unes avec les autres, on n'arriverait guère à la clarté désirable : certaines additions, certaines corrections, mettent sur la bonne voie, d'autres en détournent. Le rapprochement des textes, qui est indispensable, n'a pas toute la fécondité promise; il ne m'eût pas beaucoup profité, et je ne l'aurais probablement pas achevé, si je n'y avais été préparé et conduit par une autre étude.

La Renaissance m'occupait. Ce que j'en savais ne me satisfaisait pas ; je cherchais à mieux discerner les origines, le caractère, les phases de cette révolution si complexe. En observant ce qui s'est passé sous les derniers Valois, je fus frappé de dates que je n'avais pas assez remarquées, de faits dont j'avais jusque-là méconnu le sens ou la gravité. Je relus, comme il convient, Montaigne que depuis mon enfance je lisais comme tout le monde, c'est-à-dire fort mal. La lumière que j'avais entrevue en dehors des *Essais*, se trouva confirmée et accrue par eux; en même temps que Montaigne achevait de m'expliquer notre histoire, l'histoire me mit en état d'expliquer Montaigne.

L'attrait d'un paradoxe m'a-t-il égaré? Bien souvent, au contraire, j'ai douté qu'il fût possible d'être à la fois neuf et exact en un tel sujet, et la crainte de faire fausse route m'a ramené sur mes pas. On relèvera ici mainte erreur de détail, on refera ce que j'ai fait mieux que je ne l'ai fait, on n'infirmera pas mon travail d'une façon sérieuse : les grandes lignes, l'ensemble, l'impression générale resteront.

Si l'incomparable faveur dont Montaigne jouit depuis trois siècles, tenait aux raisons fâcheuses que d'éminents critiques en ont données, il aurait à se plaindre de moi. Comme ce n'est point de là qu'elle vient, je suis sans inquiétude : il ne perdra rien à être mieux connu, mieux compris. Il n'en sera trouvé que plus respectable, et même, s'il se peut, plus aimable et plus attachant.

# NOTE BIBLIOGRAPHIQUE

La première édition des *Essais* parut à Bordeaux, en 1580. Elle a été réimprimée en 1870 par MM. Dezeimeris et Barckausen, 2 vol. in-8º.

Une deuxième édition et une troisième, peu différentes de la première, ont paru en 1582 et 1587.

En 1588 parut une édition annoncée comme la cinquième, ce qui donne à penser qu'elle avait été précédée par une quatrième dont il ne reste pas trace. L'édition de 1588 était « augmentée d'un troisième livre et de six cents additions aux deux premiers ».

Mlle de Gournay publia en 1595 une édition préparée par Pierre de Brach à l'aide de papiers de Montaigne qui ont disparu.

Un exemplaire de l'édition de 1588, corrigé et complété par Montaigne en vue d'une sixième édition, et conservé à Bordeaux, servit à Naigeon pour donner en 1802 une édition assez différente de celle de Mlle de Gournay.

Les éditions vulgaires les plus connues sont celles de J. V. Leclerc et de Louandre.

Des éditions estimables ont été données récemment par MM. Jouaust et Motheau et par MM. Courbet et Royer. Mais elles laissent encore beaucoup à désirer.

Il est regrettable et étrange que l'on ne fasse pas pour Montaigne ce que l'on a fait pour des écrivains qui ne méritaient pas d'être servis avant lui et qui avaient bien moins besoin de l'être.

# TABLEAU CHRONOLOGIQUE [1]

1495. — Naissance de Pierre Eyquem, père de Montaigne.

1497. — Gama double le cap de Bonne-Espérance.
1498. — Louis XII. — Colomb, à son troisième voyage, atteint le continent américain. — Naissance d'Holbein.

1503. — Mort d'Alexandre Borgia. — Jules II.

1513. — Léon X.
1515. — François Ier.
1516. — *Orlando furioso*.
1519. — Mort de Léonard de Vinci.
1520. — Luther brûle la bulle du pape. — Voyage de Magellan. — Mort de Raphaël.

1524. — Première édition de Ph. de Commynes.

1527. — Sac de Rome. — Clément Marot donne une édition du *Roman de la Rose*. — Mort de Machiavel.
1528. — Mariage des parents de Montaigne. — Mort d'Albert Durer.

1. Les dates données ici ne sont pas toutes incontestables, mais les corrections légères qui pourraient être faites, ne changeraient rien à l'enseignement que nous tirons de ce tableau.

1529. — Fondation du Collège de France.
1530. — Naissance de La Boétie. — Alliance de François Ier avec Soliman.
1531. — Clément VII donne le privilège pour imprimer à Rome la première édition des œuvres de Machiavel.
1533. — NAISSANCE DE MONTAIGNE. — Premier livre de *Pantagruel*.
1534. — Ignace de Loyola fonde à Montmartre la Société de Jésus.
1535. — *Gargantua*. — Calvin dédie à François Ier l'*Institution chrétienne*. — Érasme, ayant critiqué Cicéron, est traité par Étienne Dolet de monstre et de parricide.
1536. — Mort d'Érasme.
1539. — MONTAIGNE AU COLLÈGE. — Naissance d'Olivier de Serres.
1540. — Paul III approuve la Société de Jésus. — *Amadis de Gaule* est traduit en français. — Mort de Guillaume Budé.
1541. — Naissance de Pierre Charron.
1542. — Confession de foi rédigée par la Sorbonne.
1543. — Mort de Copernic. — Psaumes traduits par C. Marot qui se réfugie à Genève. — Défense à Ramus de critiquer Aristote « ni autres auteurs anciens reconnus et approuvés ».
1545. — Ouverture du Concile de Trente.
1546. — Troisième livre de *Pantagruel*. — Ét. Dolet brûlé. — Naissance de Tycho-Brahé.
1547. — Henri II. — Naissance de Cervantès.
1552. — Quatrième livre de *Pantagruel*. — Prise de Metz et de Toul.

1553. — M. Servet brûlé. — Mort de Rabelais.
1554. — MONTAIGNE ENTRE DANS LA MAGISTRATURE.
1555. — Villegagnon au Brésil.

1558. — François de Guise prend Calais. — Prophéties de Nostradamus.
1559. — François II. — Anne Dubourg brulé. — *Vies de Plutarque*, traduites par Amyot.
1560. — Conjuration d'Amboise. — L'Hospital chancelier. — Charles IX. — Le Parlement condamne la thèse de Tanquerel.
1561. — Colloque de Poissy. — Début de la controverse entre Bullinger et Brentius sur l'ubiquité de Jésus-Christ. — Ordonnance d'Orléans. — Naissance de Bacon.
1562. — Édit de janvier. — Reprise des sessions du Concile de Trente. — Massacre de Vassy. — SERMENT DE MONTAIGNE. — Début des guerres de religion. — Cinquième livre de *Pantagruel*.
1563. — Mort de La Boétie. — Clôture du Concile.
1564. — Mort de Michel-Ange. — Naissance de Galilée.
1565. — MARIAGE DE MONTAIGNE. — Agrippa d'Aubigné étudie la magie « avec résolution de ne jamais s'en servir ».

1568. — MORT DU PÈRE DE MONTAIGNE. — Disgrâce et retraite de l'Hospital.
1569. — MONTAIGNE PUBLIE SA TRADUCTION DE SEBOND.
1570. — MONTAIGNE VEND SA CHARGE DE MAGISTRAT. — La permission d'enseigner à Genève est refusée à Ramus.
1571. — RETRAITE DE MONTAIGNE. — Le Synode de La Rochelle condamne ceux qui rejettent le mot de substance en parlant de l'Eucharistie. — Bataille de Lépante. — Naissance de Kepler.
1572. — Saint-Barthélemy.

1574. — Montaigne coopère a la défense de Bordeaux. — *OEuvres morales* de Plutarque, traduites par Amyot. — Henri III.
1575. — Premiers vers de Malherbe.
1576. — La Ligue.
1577. — Montaigne gentilhomme de la chambre de Henri de Navarre.

1580. — Première édition des *Essais* — Montaigne quitte la France. — Il visite le Tasse à Ferrare. — Les *Essais* sont tolérés à Rome.

1581. — Montaigne élu maire de Bordeaux rentre en France après une absence de dix-huit mois.
1582. — Réforme du calendrier.
1583. — Montaigne réélu maire.

1584. — Henri de Navarre à Montaigne. — Mort du duc d'Anjou. — Alliance des Ligueurs avec l'Espagne.
1585. — Henri de Navarre excommunié. — Mort de Ronsard.
1587. — *Discours* de La Noue. — Nouvelle visite de Henri à Montaigne.
1588. — Les *Essais* augmentés d'un troisième livre et de six cents additions aux deux premiers. — Montaigne à la Bastille.
1589. — Henri IV.

1592. — Mort de Montaigne.
1593. — Conversion de Henri IV.
1594. — La *Ménippée*.
1595. — Édition de Mlle de Gournay.
1596. — Naissance de Descartes.

1598. — Édit de Nantes.

# INTRODUCTION
# AUX ESSAIS DE MONTAIGNE

## CHAPITRE PREMIER

#### UNE PAGE DE LA BOÉTIE

« Je suis médiocre en tout, écrivait La Boétie à Montaigne ; vous, au contraire, vos amis le savent bien, vous êtes également capable de vertus et de vices éclatants, mais c'est déjà le bien qui l'emporte et je me réjouis de ce triomphe. Dès à présent, je reconnais votre supériorité sur moi ; si l'affection ne me trompe, quand les ans auront fortifié votre vertu, vous pourrez rivaliser avec les plus grands hommes. » La Boétie continuait en comparant son ami à Alcibiade adolescent, dont la brûlante ardeur décelait un mélange extraordinaire de bonnes qualités et de mauvaises et faisait dire à Socrate : Ce sera la gloire ou la perte d'Athènes. En finissant, après un long éloge de la modération dans les plaisirs, particulièrement en amour, La Boétie faisait des vœux pour la pleine conversion de celui à qui il adressait de si prudents conseils.

Cette page, publiée par Montaigne, qui disait excellente la pièce où elle se trouve [1], est confirmée implicitement par de nombreux passages des *Essais*. Je voudrais, en les réunissant, essayer le portrait de Montaigne à l'époque de sa trop courte liaison avec l'homme auquel il s'était découvert jusqu'au fin fond de ses entrailles et fait connaître mieux qu'il ne se connaissait lui-même.

Ne pensait-il pas au jugement de son ami, en écrivant qu'Alcibiade avait une nature merveilleuse et que sa vie était la plus riche

---

[1]. C'est la pièce la plus longue et la plus intéressante d'un recueil de vers latins présenté par Montaigne au chancelier de L'Hospital pour lui faire aimer La Boétie.

à être vécue, la plus étoffée de parties désirables? Il comprenait, goûtait cette nature et cette vie d'autant mieux qu'entre lui et le fils de Clinias les affinités étaient, en effet, très grandes.

Au physique, il est le digne fils d'un des hommes les plus sains et les plus forts qui aient jamais existé : il n'a pas la même adresse extraordinaire aux exercices du corps, mais, s'il est moins souple, il a même « résistance et endurance solides ». La fraîcheur de son visage, l'allégresse et la vivacité dont il regorge, se communiquent à ceux qui le regardent : un médecin de Toulouse conseille à un malade de le fréquenter assez pour s'amender par la vue d'une jeunesse si florissante, d'un état si plein de verdeur et de fête. Tous les sens sont chez lui « entiers quasi à la perfection ». Cette santé bouillante reste admirable bien qu'il en use assez licencieusement[1]. D'une

1. Ceci ne se trouve que dans la première édition des *Essais*

vigueur pleine et rassise, il ne craint pas la peine, si grande qu'elle soit, pourvu qu'il s'y porte de plein gré : à cheval, les plus longues courses ne le fatiguent pas et, jusque dans sa vieillesse, dix heures de suite sans démonter ne lui laisseront aucune lassitude.

Sa taille, un peu au-dessous de la moyenne, est forte et ramassée, son marcher prompt et ferme, son geste brusque, sa voix haute et sonore; son port de corps témoigne d'une certaine fierté. Il ne sait pas se tenir tranquille; aux lieux de cérémonie, il ne vient pas à bout que quelques-unes de ses pièces « n'extravaguent toujours ». Encore qu'il soit assis, il n'est guère rassis, et, depuis son enfance, il passe pour avoir de la folie aux pieds ou du vif-argent tant il les remue, de quelque façon qu'il les mette. Les mala-

(réimpression Dezeimeris et Barckausen II, 222). — Je n'ai presque pas fait de renvois ; je le regrette, mais il en eût fallu presque à chaque page et souvent plusieurs dans la même page : cela eût alourdi un travail dans lequel ils ne sont pas indispensables. Je donne une Introduction aux *Essais* : en les lisant avec un peu d'attention, on rencontrera tout ce qui est cité ici et l'on pourra s'assurer de mon exactitude.

dies lui semblent horribles, moins à cause des souffrances qu'elles apportent, que parce qu'elles tiennent arrêté à la chambre. Il ne saurait parler sans s'agiter avec véhémence. Il mange goulûment et de tout impunément [1].

Son moral répond à son physique : même vivacité, même mobilité, même ardeur impétueuse, même énergie. Il est très accessible à toutes les passions, excepté à l'envie ; toutes les contrariétés se trouvent en lui, « honteux et insolent, chaste et luxurieux, ingénieux et hébété, chagrin et débonnaire, menteur et véritable, libéral et avare ». Si la colère le saisit, ce qui n'est point rare, elle l'emporte loin, pour vaine qu'en soit la cause. Aux « amusements ridicules », comme les échecs, il a des mouvements de dépit, d'impatience, d'animosité ; la piqûre de perdre lui est si désagréable qu'il renon-

---

[1]. Dans ses dernières années seulement, « aux corvées de la guerre », son estomac se troublera un peu après les nuits passées dehors.

cera aux jeux de hasard, aux cartes et aux dés, bien qu'il les aime beaucoup [1]. Il n'a ni le goût ni l'habitude de se modérer et de se régler, manque de mesure en tout, outrepasse à tout propos les bornes prescrites par la prudence ou le sens commun, ne fait rien à moitié. Veut-il jeûner, il n'a garde d'assister à un repas; s'il se met à table, il oublie sa résolution. Il ne sort d'un extrême que pour se jeter dans un autre, s'élançant en arrière avec autant d'ardeur qu'il en avait eu pour se porter en avant, cédant tour à tour aux instincts les plus divers et se laissant, dans chaque direction, entraîner « toujours à pleines voiles ».

Il est mondain, amoureux de brillants équipages, du faste, de la parure qui lui sied à merveille, prodigue de saluts, soucieux de ce qu'on pense et de ce qu'on dit de lui, éminemment sociable, « langagier », « tout

---

[1]. Quant aux jeux subtils comme de deviner des énigmes, il y est si impropre qu'il n'y prend aucun agrément.

au dehors »; sa forme essentielle est « propre à la communication » et il lui en coûte de ne pas se communiquer sans réserves. Il ne peut se passer de compagnie, ne trouve de saveur qu'aux plaisirs partagés; il ne lui vient pas une gaillarde pensée en l'âme qu'il puisse sans regret garder pour lui seul, il a un besoin impérieux de l'offrir sans écouter la prudence servile et soupçonneuse qui lui conseille de se taire. Conférer avec les gens de son choix, lui semble le plus fructueux et naturel emploi de notre esprit, il en trouve l'usage plus doux qu'aucune autre action; aussi consentirait-il plutôt à perdre la vue que l'ouïe ou le parler. Ce qu'il aime surtout, « au commerce des hommes, ce sont les essais qu'ils font les uns contre les autres, par jalousie d'honneur ou de valeur, soit aux exercices du corps, soit à ceux de l'esprit ». Dans le feu des discussions, son langage, volontiers sec et cru, devient vite âpre, dédaigneux, épineux; ses répliques portent plus loin que son intention ; pour peu que la dispute s'échauffe, il a une façon de débattre têtue, malicieuse, impérieuse dont il rougit ensuite.

« Extrêmement libre », il ne supporte aucune contrainte, même chimérique : si on lui interdisait un coin du monde, même éloigné, où il sait bien qu'il n'ira jamais, il en serait affecté, gêné. Il ne vaut rien dès qu'il a un autre guide que sa pure volonté, suit lâchement les devoirs auxquels on pourrait l'entraîner s'il n'y allait. Son aversion pour toute liaison le détourne du mariage ; il n'y arrivera qu'à contre-cœur et sans consentir à promettre d'en observer les lois très rigoureusement[1]. Né pour la véritable amitié qui est « la production la plus proprement sienne de la liberté volontaire », avide des accointances qui reviennent à son goût et s'y « harpant avec grand faim », il ne comprend guère les affections imposées par la parenté ou par des circonstances for-

---

1. De son propre aveu, il fut mari plus fidèle qu'il ne l'avait juré.

tuites. Il se dispense, autant que possible, des compliments verbeux prescrits par les lois cérémonieuses de la civilité; l'usage d'enfiler des paroles courtoises dans les correspondances n'est-il pas une « servile et abjecte prostitution »? Pour y échapper, il renonce presque à écrire. Il s'émancipe là où il le faudrait le moins, s'échauffe aux présomptions injurieuses, évitant de s'expliquer et justifier, renchérissant même vers l'accusation par une concession ironique et moqueuse, à moins qu'il ne s'en taise tout à fait comme de chose indigne de réponse. Sa licence de langage et de contenance dérive vers l'indiscrétion et l'incivilité. La prière le gagne, la menace le rebute; la faveur le ploie, la crainte le raidit. Dans l'infortune, son courage se hérisse au lieu de s'aplatir, et il fait « plus volontiers les doux yeux au ciel pour le remercier que pour le requérir ». Rarement il profite d'un conseil; les raisons étrangères peuvent l'appuyer, non le détourner, il ne croit que les siennes. Dans les sociétés, il se tient entier sans considération de personne, avec quelque pointe de fierté quand il a affaire aux grands et leur disant indiscrètement ce qui lui vient en fantaisie, sans querelle pourtant ni offense, parce que son visage répond pour lui et qu'on lit en ses yeux et en sa voix « la simplicité de l'intention ».

Il adore la beauté, « celle qui est naïve, active, généreuse, point hommasse, mais virile, non celle qui est molle, délicate, artificielle ». Au doux commerce des belles et honnêtes femmes, il court de grands périls, étant de ceux « chez qui le corps peut beaucoup » ; il « s'échaude », sent « toutes les rages dont parlent les poètes », cette « folie qui attache toutes les pensées à un seul objet et s'y engage d'une affection furieuse ». Sa main, toujours précipitée en faisant une lettre, est, en écrivant aux dames, véritablement emportée par la passion.

L'imagination tient chez lui une place extraordinaire, l'agite, lui donne des secousses terribles, le plonge dans une sorte d'ivresse au cours de laquelle il voit les choses grossir d'une façon démesurée ; il essaie de se soustraire à ces impressions qui le percent, de s'en préserver : quant à y résister, il n'en a pas la force. L'horreur d'une chute à laquelle il pense, lui cause plus de fièvre que le coup ; la douleur lui fait plus de peur que de mal.

La fortune ne lui a imposé nulle pénible quête d'aucune commodité ; il ne lui manque que la suffisance de se contenter et savoir jouir des biens placés entre ses mains, « règlement d'âme également difficile en toute sorte de condition, et que nous voyons communément se trouver plus facilement en la nécessité qu'en l'abondance ». Avide de choses nouvelles et inconnues, il va béant vers l'avenir.

Il cède avec une confiance aveugle à des

impulsions promptes, fortuites, aussi faibles en raison que fortes en persuasion ou en dissuasion, et cela lui réussit tellement qu'il n'est pas éloigné de les tenir pour des inspirations divines.

Peu enclin aux longues et lentes délibérations, pressé d'arriver aux effets, impatient d'agir, il va volontiers sur les traces d'autrui, acceptant sans discussion des jugements tout faits, captivant aisément ses croyances sous l'autorité des opinions anciennes[1]. Il aime mieux soutenir une opinion que la choisir. Autant il fuit les incertitudes, autant il se porte virilement aux événements. Les entreprises hardies le séduisent ; si quelque chose pouvait le réconcilier avec la Réforme, à laquelle il est profondément hostile, et le décider à se jeter dans les rangs des protestants, ce serait le risque à courir, l'attrait du hasard et du danger. Mais élevé par un père qui penchait

---

1. Livre II, ch. 2, un peu après le début.

plutôt vers la superstition que de l'autre côté, il est bon catholique, regarde comme une des plus notables folies l'effort des gens qui emploient la force de leur entendement à choquer les opinions communes pour, après une longue quête, remplir en somme leur âme de doute, d'inquiétude et de fièvre [1].

S'il étudie, c'est par ostentation, pour s'en « tapisser et parer ». Il aime les distinctions, les honneurs, souhaite fort l'ordre de Saint-Michel, aspire aux brillantes destinées que son ami lui présage. Il se sent propre aux grandes affaires, aux hautes négociations politiques, à tenir dignement sa place dans les conseils des princes. Il sait l'action qu'un conseiller intelligent et résolu peut exercer sur les chefs des empires et songe à s'attacher à quelqu'un d'entre eux qu'il soit appelé au service public et à son propre avancement dans le monde, il n'hési-

---

1. C'est le début d'une lettre adressée à M. de Mesmes et imprimée en tête d'un traité de Plutarque traduit par La Boétie.

tera pas, quand même la raison le dissuaderait d'accepter. Loin de craindre l'agitation des cours, il s'y porterait allégrement, car, quoique le faire soit plus naturel aux Gascons que le dire, ils savent au besoin s'armer autant de la langue que du bras, travailler de l'esprit comme du corps. Il ferait entendre en haut lieu un parler nerveux et succulent, serré, brusque, véhément, hardi et plutôt soldatesque. Jeté à vingt ans dans la magistrature, il n'y reste que par déférence filiale; il a une profonde antipathie pour les chicanes de la procédure et pour tout ce que cette profession comporte d'ennuis et de dégoûts. Il s'acquitte des fonctions de sa charge sans application, s'y dérobe souvent pour courir à Paris; pendant des mois entiers il s'absente de Bordeaux, s'attarde à la cour.

C'est le moment où l'ordonnance d'Orléans, enlevant aux baillis l'administration de la justice pour la donner exclusivement à leurs lieutenants, met une séparation complète et définitive entre la robe courte et la robe longue : à celle-ci seule désormais, la parole le savoir, le gain ; à celle-là la guerre, l'honneur, la vertu[1]. Le connétable de Montmorency fermait dédaigneusement la bouche au chancelier et aux hommes de robe longue ; Brantôme disait que dans les ambassades les gens d'épée valent mieux que les magistrats. Ces considérations touchèrent probablement Montaigne, mais un goût naturel, inné comme le dégoût de la chicane, le poussait, plus encore qu'aucun calcul ambitieux, vers la vocation militaire, forme propre et essentielle de la noblesse française. Les exploits des grands capitaines l'enthousiasmaient, tout ce qui se rattachait au métier des armes, jusqu'au détail technique le plus infime, l'intéressait d'une façon surprenante. La guerre lui semblait la plus grande, la plus pompeuse des actions humaines ; il

---

[1]. C'est Montaigne qui parle.

avait pour elle cette passion que César signalait déjà comme un des deux traits caractéristiques des Gaulois, et qui, de nos jours, fit dire à Lamartine : « La plume, instrument trop insuffisant, n'est rien devant l'épée... Je consacrerai les années de ma maturité à la guerre que je préfère à tout. » Il faut entendre Montaigne célébrer la vie du soldat, mâle et sans cérémonie, pleine d'honneur et d'âpreté, passée en compagnie d'hommes nobles et jeunes et actifs, au milieu de spectacles tragiques ; il chérit cette variété de mille actions diverses, cette courageuse harmonie de la musique guerrière qui échauffe et les oreilles et l'âme : « Il n'est occupation si plaisante, occupation si noble en l'exécution, car la plus forte, généreuse et superbe de toutes les vertus est la vaillance ; et noble en sa cause : il n'est point d'utilité ni plus juste ni plus universelle que la protection du repos et de la grandeur de son pays. »

# CHAPITRE II

### LE SERMENT DE 1562

Un acte d'une gravité singulière achèvera de montrer ce que Montaigne était un peu avant l'âge de trente ans, mais il faut d'abord examiner, avec quelque détail, les circonstances dans lesquelles il fut commis. Ce développement paraîtra sans doute un peu long et hors de propos. En allant jusqu'au bout, on verra qu'il n'était pas inutile.

Les premières persécutions contre la Réforme avaient eu l'effet ordinaire des persécutions religieuses : au lieu d'arrêter les progrès de l'hérésie, elles les accéléraient. Plus les catholiques s'exaltaient par leurs propres violences, et plus les protestants se multipliaient : ils commençaient à être capables de résistance. Catherine de Médicis n'avait ni la force ni l'envie de les écraser ; elle n'était même pas éloignée de se rapprocher d'eux pour tenir tête à l'ambitieuse faction des Guises. Par intérêt, par nécessité, elle écouta les conseils que l'amour du bien public dictait au chancelier de L'Hospital : l'édit de janvier 1562 parut. D'un mot, Montaigne en a marqué l'importance : il l'appelle « cet édit fameux par nos guerres civiles ». Ce qu'on accordait aux protestants nous semble bien peu de chose : toute manifestation de leur croyance leur était interdite rigoureusement dans les villes ; pour exercer leur culte, ils n'avaient permission de se réunir que dans les campagnes. D'ailleurs le Gouvernement ne renonçait en aucune façon à rétablir dans le royaume la plus stricte unité religieuse, le jour où les questions controversées qui avaient été agitées inutilement l'année précédente au Colloque de Poissy, auraient reçu de l'autorité compétente une solution définitive : la concession provisoire de l'édit n'avait pour but que le maintien de la paix en attendant les décisions du Concile de Trente dont les sessions, interrompues depuis plusieurs années, recommençaient le 18 janvier, précisément au moment où l'édit paraissait.

Les fanatiques ne se résignèrent point à cette trêve. L'Hospital avait beau remontrer en ses harangues éloquentes qu'ils allaient désoler la France et l'exposer à devenir la proie d'un voisin formidable, ils avaient hâte d'en finir à tout prix avec l'hérésie. Le massacre de Vassy, qui arriva peut-être fortuitement le 1$^{er}$ mars, fut imité en plusieurs endroits, notamment à Toulouse, où chaque année, jusqu'en 1792, la fête des pénitents, célébrée le 17 mai, rappela les scènes abominables par lesquelles la ville avait été « délivrée » des huguenots.

A la fin de mars, pour empêcher la reine de suivre plus longtemps la politique humaine et patriotique du chancelier, les Guises ne craignirent pas de commettre un attentat tout pareil à celui qu'ils avaient tant reproché aux protestants. La conjuration d'Amboise est plus célèbre parce que les vainqueurs la présentèrent comme une révolte contre l'autorité royale, et surtout parce qu'elle leur servit de prétexte à des supplices qui firent une impression profonde ; la leur ne fut pas en réalité moins grave, peut-être même le fut-elle davantage : ils n'étaient pas menacés de persécution, et en enlevant le roi, en le traînant de Fontainebleau à Paris, ils n'avaient pas la ressource de prétendre le délivrer ; ils le mettaient au contraire en captivité. Ce fut un véritable acte de violence : les écrivains de tous les partis ont dit l'effroi de la reine-mère, sa résistance, ses larmes. Dès lors, il fut évident que les Guises étaient de redoutables séditieux : en parlant de leur lutte contre les princes qui étaient à la tête des protestants, L'Hospital avait lieu de dire que, de quelque côté que fût la victoire, ce serait la ruine du roi [1].

La maison de Valois semblait même beaucoup plus menacée par la maison de Lorraine que par la Réforme. Il ne faut pas exagérer l'importance de quelques propos républicains échappés à certains hérétiques; si, dès cette époque, Montaigne en eut connaissance, ce qui est possible, il connaissait mieux encore le *Discours de la servitude volontaire* « bien proprement rebaptisé le *Contre un* » et savait que cet écrit hardi était l'œuvre d'un sujet fidèle, d'un bon catho-

(1) Dès le mois d'août 1560, aux conférences de Fontainebleau, l'archevêque de Vienne, Marillac, avait, dans un discours solennel, constaté qu'il existait des séditieux « des deux côtés ». Comparez à la conduite de François de Guise celle de Condé en 1648 : à cette époque le Parlement soutenait une cause honorable, il tenait tête non plus à un L'Hospital mais à Mazarin. Voulant faire rentrer à Paris la reine-mère qui avait emmené le roi, il appela Condé comme il avait appelé François de Guise en 1562. Condé quoique « très mal persuadé du cardinal » prit sans hésiter « la résolution la plus utile au bien de l'Etat » ; il dit à Retz : « Si je me précipitais avec le Parlement, je ferais peut-être mes affaires mieux que lui, mais je m'appelle Louis de Bourbon, je ne veux pas ébranler la monarchie. »

lique. Pour voir dans la Réforme une rébellion contre la royauté, il fallait être égaré par l'esprit de parti. A court d'arguments, l'orateur du clergé qui, en 1561, accusait les protestants de vouloir l'anarchie, se trouvait réduit à leur imputer de la dissimulation, des desseins et manœuvres occultes. Qu'on lise la préface de l'*Institution chrétienne* de Calvin, les déclarations réitérées des chefs de la Réforme française, celle de Théodore de Bèze à Poissy, celle de Coligny à Fontainebleau : ces prétendus rebelles demandent protection au roi « comme à celui qu'ils reconnaissaient pour souverain seigneur, à l'obéissance duquel le commandement de Dieu les assujétit,... protestant devant Dieu qu'ils n'ont jamais attenté ni n'attenteront contre la très humble obéissance qu'ils lui doivent[1] ». Les huguenots ont pu se

---

[1]. La manie de transformer les protestants en républicains n'est devenue générale qu'au XIXᵉ siècle. Nous voyons dans les écrits de d'Argenson qu'au XVIIIᵉ, on savait parfaitement qu'ils ne s'étaient révoltés que lorsqu'on les avait réduits au désespoir. De nos jours encore Michelet a constaté à plusieurs reprises que le roi n'avait pas de sujets plus soumis.

vanter d'être appelés de ce nom parce qu'ils soutenaient les héritiers de Hugues Capet contre les Guises qui revendiquaient l'héritage de Charlemagne.

Le Parlement de Paris « ennemi capital de la Réforme » soutenait, excitait les Guises. Il partageait « la soif de sang » dénoncée par L'Hospital. Il réprimait avec férocité les écrits des protestants : l'imprimeur d'un pamphlet « un peu aigre » fut pendu ; un passant, voyant la foule ameutée contre le supplicié, se récria, et fut en conséquence, sans autre motif, pendu également. « Il fallait bien faire quelque chose pour le cardinal de Lorraine », disait le conseiller rapporteur de cette affaire. L'édit de janvier ne fut enregistré qu'après trois lettres de jussion : contraint enfin à obéir, le Parlement ne se borna pas à protester avec éclat et fracas ; par tous les moyens en son pouvoir, il travailla à échauffer les esprits, à entretenir la discorde, à « corner la guerre civile ». Au mois de juin, adoptant une idée émise le 13 mai par les Guises, il exigea de tous ses membres, non seulement une profession de foi orthodoxe, mais le serment d'adhérer à l'ample formulaire que la Sorbonne avait dressé en 1543 pour servir de guide aux prédicateurs dans leurs controverses sur la foi et la discipline.

La décision du Parlement était incontestablement blâmable pour plusieurs motifs :

La Faculté de théologie n'a jamais passé pour être infaillible. Le Parlement qui a maintes fois contesté son autorité, même en matières religieuses, venait tout récemment de lui faire la leçon[1]. La parfaite orthodoxie du formulaire était donc discutable.

En exigeant un pareil serment, le Parle-

---

1. En décembre 1561, le président de Thou, assisté du procureur général et de deux conseillers, avait imposé à la Sorbonne le désaveu de la thèse de Tanquerel sur l'autorité du pape. Que cette thèse eût été approuvée par la Faculté, ou qu'elle eût seulement été « mise en avant » comme le veut Et. Pasquier, toujours est-il que l'intervention du Parlement signifiait d'une façon assez nette, que la Faculté avait besoin d'être régentée et préservée d'erreur. — Est-il besoin de rappeler les innombrables condamnations prononcées par le Parlement au sujet des refus de sacrements ?

ment attentait d'une manière flagrante à la liberté de conscience.

Il faisait une manifestation d'hostilités contre le chancelier, favorisait une politique détestable qui allait mettre la France en danger.

Enfin, la mesure qu'il prenait pouvait paraître dictée par un odieux calcul : elle précipitait d'une manière scandaleuse l'avancement des magistrats orthodoxes. Cheverny, qui fut plus tard garde des sceaux, a avoué que sa fortune devint plus rapide « grâce à ce que force conseillers sortirent de la Cour par commandement ou par crainte ».

Le Parlement de Bordeaux qui n'avait pas fait beaucoup d'opposition à l'édit de janvier et l'avait enregistré sans grand· retard, n'imita l'intolérance du Parlement de Paris que dans le mois de juillet[1]. La Boétie

---

1. Pour cette date, comme pour tous les détails de la biographie de Montaigne, j'adopte les indications de M. Bonnefon.

qui en était membre comme Montaigne et que ses opinions fermement catholiques n'empêchaient pas de soutenir la politique de L'Hospital[1], était chargé d'appliquer l'édit en Guyenne ; il s'acquittait de sa mission avec zèle, s'efforçait de maintenir la paix.

Montaigne se trouvait à Paris. Au lieu d'imiter l'exemple d'un ami si sage et si cher, au lieu d'attendre la décision du corps dont il dépendait, il offrit spontanément aux magistrats de Paris, ce que, plus tolérant, plus soucieux de la paix publique et de sa dignité personnelle, il aurait dû refuser, même à ceux de Bordeaux ; il s'empressa de s'associer à leur manifestation coupable, sollicita la faveur d'être admis au serment qu'ils imposaient et, le 12 juin, le prêta entre les mains du premier président.

1. Montaigne en est convenu dans une lettre à L'Hospital. — La Boétie avait écrit sur l'édit de janvier des mémoires que Montaigne a, dans la première édition des *Essais*, promis de publier : « Ils trouveront ailleurs leur place », disait-il ; depuis il ajouta : « peut-être », et enfin ne les a pas donnés, les a laissés se perdre, probablement pour le même motif qui l'empêcha d'insérer dans son livre le *Contre un*, c'est-à-dire de peur de fournir des armes aux protestants.

Il n'avait aucun attachement pour la magistrature ; son serment ne saurait être attribué à un excès de zèle professionnel. Que signifie donc une démarche aussi indiscrète, en des circonstances où l'abstention était à la fois naturelle, facile et raisonnable ?

Dans tout ce qu'il a raconté des Guises dix ans plus tard, nous trouvons les vestiges d'un vieil et excessif engouement pour eux, d'une aveugle et surprenante indulgence ; l'éloge du cardinal de Lorraine est surtout frappant. Songez à ce qu'ont dit, non pas les protestants, dont les jugements, terribles et peut-être exacts, sont suspects, mais des témoins nullement hostiles et très bien informés : Brantôme qui a rappelé, non sans complaisance, les qualités et les talents du cardinal, a ajouté que c'était un brouillon, poltron, peu sincère, insolent dans la bonne fortune, humble dans la mauvaise, enflé de présomption, « âme fort barbouillée ». Ce prélat qui contribua à précipiter la France dans une des crises les plus affreuses qu'elle ait jamais traversées, qui, à la stupéfaction d'Étienne Pasquier, allait, comme un simple prédicateur, dans la chaire de Notre-Dame et ensuite dans celle de Saint-Germain-l'Auxerrois, exciter les Parisiens à la guerre civile, est dans les *Essais* « un personnage nécessaire pour le bien public » ! Après cela, j'ai moins de peine à comprendre le serment de 1562. J'hésite bien un peu à me servir de mots qui, appliqués à Montaigne, sonnent étrangement ; il faut pourtant appeler les choses par leur nom : ce serment dénote un violent esprit de parti, une sorte de fanatisme.

## CHAPITRE III

### L'INSCRIPTION DE 1571

Les conseils violents prévalurent. Le Parlement l'emporta. L'Hospital disgracié se retira à la campagne. Catherine de Médicis et Charles IX se déclarèrent sans retour contre les protestants, et la France fut, pendant plus de trente ans, ruinée, désolée, déchirée par les guerres de religion.

La faction à laquelle Montaigne avait adhéré triomphait; mais à mesure qu'elle grandissait, il se détachait d'elle. Dix-huit mois avant la Saint-Barthélemy, le 28 février 1571, jour où il entrait dans sa trente-neuvième année, il alla s'établir en Périgord. L'inscription par laquelle il a fixé cette date, dit qu'il se retirait chez lui pour y passer le reste de sa vie.

Libéré de la magistrature par la mort de son père, il avait vendu sa charge, s'était fait soldat, pouvait mener enfin une existence conforme à ses goûts. Quel motif le décidait à s'isoler « en pays sauvage » sans espoir d'en sortir un jour?

Son disciple Charron, comparant la vie rustique à celle de la ville, trouvait que « les villes sont prison même aux esprits, comme les cages aux oiseaux et aux bêtes... Le feu céleste qui est en nous, ne veut point être renfermé, il aime l'air, les champs où tout le ciel étendu apparaît, où le soleil, les eaux et tous les éléments nous sourient : Vivre aux villes, c'est être banni et forclos du monde [1] ».

1. L'amour des champs, le charme de la vie champêtre ne furent pas, autant qu'on le répète, inconnus chez nous avant la seconde moitié du xviiie siècle. Ronsard prenait plaisir à promener « tantôt parmi la plaine, tantôt en un village, et tantôt en un bois, et tantôt par les lieux solitaires et cois »; il aimait fort « les jardins qui sentent le sauvage et le flot de l'eau qui gazouille au rivage ». La Noue a dit « la grande délectation de vivre aux champs ». Descartes écrivait à Balzac : « Un ruisseau dont le murmure vous fera rêver délicieuse-

Rien de pareil chez Montaigne. Vers la fin de sa vie, se promenant seul en un beau verger, il lui est arrivé de sentir la douceur de cette solitude et d'y « ramener un instant » sa pensée occupée d'occurrences étrangères. C'est l'unique mot de ce genre qu'il y ait dans les *Essais* ; l'auteur du livre *de la Sagesse*, si sec, si froid, si peu vivant, semble avoir connu, mieux que son maître, la joie d'échapper à la « presse des maisons ».

Montaigne n'avait pas le culte des dieux champêtres. Il ne soupirait pas avec Virgile après la grande ombre des forêts ; il n'a même jamais imaginé un seul instant, comme le banquier d'Horace, qu'il se plairait à sommeiller au pied d'un chêne ou à regarder les troupeaux épars dans la vallée. Il a écrit sur le mur de sa tour qu'il aspi-

---

ment, ou un vallon solitaire qui vous jettera dans l'enchantement... » Mme de Motteville a des passages qui me semblent dictés par un sentiment des beautés naturelles plus sérieux que celui de Mme de Sévigné. La Bruyère a pitié des gens de la ville qui « ignorent la nature », vivent « dans une indifférence grossière des choses rurales et champêtres » ; du praticien qui « au fond de son étude sombre et enfumée se préfère au laboureur qui jouit du «ic! ».

rait seulement à vivre désormais pour lui-même, dans un repos complet, *quietus et omnium securus*; il cherchait une douce retraite, *dulces latebras*, et le commerce des Muses, *in doctarum virginum recessit sinus*. Il pensait probablement qu'à Montaigne, comme à Tibur et dans la Sabine, les jours seraient sans trouble et sans souci, et qu'il allait enfin goûter l'oubli d'une existence agitée, *sollicitæ jucunda oblivia vitæ*. Se passer des bruits et du mouvement de la ville, des plaisirs de la société, s'habituer au grand silence des champs, « gagner sur soi de pouvoir à bon escient vivre seul et y vivre à son aise », renoncer définitivement au long espoir et aux vastes pensées, lui semblait chose facile.

Son illusion ne fut pas de longue durée.

Montesquieu, Voltaire et d'autres personnages célèbres, sans parler de l'empereur Dioclétien, n'ont pas eu de peine à s'accommoder de la retraite; ils semblent y être restés sans regrets, avoir pris presque autant de plaisir à administrer leurs biens, à voir mûrir et rentrer leurs récoltes qu'à écrire leurs chefs-d'œuvre. Voltaire n'hésitait pas à quitter Tancrède et Aménaïde pour rendre visite à ses bœufs ou à ses lapins; peut-être ne se plût-il nulle part autant qu'à Cirey ou à Ferney. Olivier de Serres trouvait, au temps de Montaigne, un remède contre l'ennui de la solitude dans les travaux agricoles, s'absorbait dans les détails du ménage qu'il enseignait à « dresser, gouverner, enrichir et embellir ». Montaigne n'avait pas les mêmes ressources : le soin de sa fortune, la gérance de ses terres le fatiguaient, l'ennuyaient, lui répugnaient; il ne voyait dans le ménage qu'un « office servile »; quelques parties seulement, comme le jardinage, lui semblaient « plus excusables », mais non pas plus intéressantes. L'exemple de son père aurait dû le réconcilier avec ce genre d'occupations; il s'en voulait mal de ne pas les aimer, mais désespérait d'y prendre goût et en effet n'y parvint jamais. Il est vrai qu'il ne s'y appliquait guère ; plus de deux ans après sa retraite, il écrivit qu'il n'était pas au courant des choses de la campagne : quoique nourri aux champs, il n'avait pas les plus vulgaires notions d'agriculture. Lui qui avait su s'instruire si curieusement et à fond des moindres détails de l'art militaire, qui dissertait sur les armes des Parthes, ne faisait pas le plus petit progrès dans la connaissance des opérations quotidiennes de la vie rurale, ne voyait pas la différence d'un grain à l'autre, et à peine celle d'entre les choux et les laitues de son jardin. Il ignorait comment on fait le pain et le vin. Il ne comprenait pas le plaisir de bâtir « qu'on trouve si attrayant » ; la chasse et les autres divertissements de ce genre ne l'amusaient pas.

Il aurait bien voulu se plaire chez lui autant qu'ailleurs, mais il avait beau se raisonner et s'ingénier, c'est le contraire qui arrivait. Il jouissait des plaisirs d'une maison étrangère plus que de ceux que lui donnait la sienne, le vin qu'il buvait chez les autres lui paraissait préférable à celui de sa table. Il exprime une véritable tendresse pour certaines villes, Rome, Venise, Paris surtout qu'il aime, malgré ses boues, jusqu'en ses taches et ses verrues, « retraite suffisante pour lui faire perdre le regret de toute autre » [1] ; il ne trouve pas un mot aimable pour sa colline, pour la rivière qui en baigne le pied, pour l'horizon qu'il découvre du haut de sa tour.

« Le but est de vivre plus à loisir et à son aise, dit-il, mais on n'en cherche pas toujours bien le chemin. Souvent, on pense avoir quitté les affaires, on ne les a que

---

[1]. Ni lui, ni Julien n'ont une statue à Paris en places d'honneur comme il conviendrait. Cette ville si fâcheusement prodigue de marbre et de bronze, n'en a pas réservé pour de tels hommes qui ont parlé d'elle avec tant d'amour. A la vérité, il vaut mieux les oublier que de nous donner d'eux des images pitoyables comme la plupart de celles dont on nous afflige.

changées. Il n'y a guère moins de tourment au gouvernement d'une famille qu'au gouvernement d'un État entier... Pour être moins importantes, les occupations domestiques n'en sont pas moins importunes ; pour nous être défaits de la cour et du marché, nous ne nous sommes pas défaits des principaux tourments de notre vie. »

Il ne rêve qu'à s'échapper de chez lui pour courir le monde, et, si jamais il peut le faire, il n'aura pas en partant cet instant de regret que la fin du jour apporte au nouveau pèlerin et que Childe Harold lui-même paraît avoir connu. Son aversion pour la retraite ira croissant plutôt que décroissant; âgé de plus de cinquante ans, il ne s'emploiera à ses affaires domestiques que « dépiteusement », portera envie à ceux qui estiment ce qu'ils tiennent au-dessus du reste, à son père qui savait jouir de ce qu'il avait; il aspirera « au changement et au remuement ». L'impatience de résider à

Montaigne lui arrachera ces mots amers :
« J'étais plus propre à vivre de la fortune
d'autrui, s'il se pouvait sans obligation et
sans servitude, et je ne sais si, selon mon
humeur, ce que j'ai à souffrir des affaires et
des domestiques, n'a pas plus d'abjection,
d'importunité et d'aigreur, que n'aurait la
suite d'un grand qui me guidât un peu à
mon aise. » Dans son intérieur mille choses
lui donnent à désirer ou à craindre; il y a
toujours quelque pièce qui va de travers :
« c'est pitié d'être dans un lieu où tout vous
embesogne ». Vainement il se dérobe autant
qu'il peut aux occasions de se fâcher ; il ne peut
éviter de se choquer chez lui à toute heure
en quelque occurrence qui lui déplaît, à des
friponneries « vaines piqûres, mais piqûres,
et à mesure que ces épines domestiques sont
déliées elles mordent plus aigre », à des pensements fâcheux, aux querelles des voisins,
aux plaintes fastidieuses sur la saison qui, si
elle est favorable aux blés, nuit aux vignes.

Tout en confessant ainsi son humeur incurablement hostile aux soins mesquins de la vie privée, il répète que les affaires d'un intérêt plus général ne lui conviennent pas davantage : « Les occupations publiques ne sont pas de mon gibier, » disait-il à la fin de sa vie, comme il l'avait dit en 1571.

Était-il vraiment, à trente-huit ans, *servitii aulici et munerum publicorum jamdudum pertæsus*, dégoûté depuis longtemps, non seulement de la magistrature, mais de toute espèce de charge ou fonction, de tous les rôles dans lesquels l'activité, l'esprit, la sagacité et les autres facultés qu'il avait à un degré éminent auraient trouvé leur emploi légitime [1] ?

En aucune façon. Il déplorait que La Boétie, propre aux premières places de l'État, eût tout le long de sa vie croupi, méprisé, aux cendres de son foyer. Il n'a pas dit aussi

---

[1]. Sa capacité et sa profonde connaissance des affaires ont été attestées par de bons juges, entre autres l'historien de Thou.

nettement qu'il regrettait d'avoir eu lui-même un pareil sort, mais si parfois il assurait qu'il n'était pas propre à ces premières places, d'autres fois, changeant de langage, il tenait à faire savoir qu'en principe il n'y disconvenait pas. Les leçons des philosophes, confirmées par une triste expérience, lui apprenaient le danger et l'inanité des ambitions humaines ; malheureusement il était né ambitieux et n'avait aucune prétention à la philosophie. C'était un mal, il en convenait, cherchait à y échapper, se bandait et obstinait contre les tentations qu'il se sentait « fumer en l'âme » : effort inutile. Il tournait le dos à l'ambition « à la façon des tireurs d'avirons qui s'avancent à reculons » ; tellement que, s'il ne se trouvait pas engagé dans les affaires publiques, il s'en croyait redevable au hasard plutôt qu'à sa résolution, car il voyait « bien des voies pour avancer vers le crédit du monde », qui n'étaient nullement ennemies de son goût. Qu'elles lui soient ouvertes par une bonne fortune ; il les suivra sans écouter ni la prudence ni la raison. Il irait dans les conseils des princes, prendrait part aux discussions qui décident du sort des empires, aux négociations délicates entre les grandes puissances, à la conduite des opérations militaires ; il montrerait la vérité avec courage : déjà il s'y est essayé non sans quelque succès. Peu de gens avaient rencontré en haut lieu moins de soupçon et plus de privauté, parce qu'on ne pouvait douter de son désintéressement et que sa franchise avait « une évidente simplesse et nonchalance ». Loin d'avoir subi quelque disgrâce et d'être « mal voulu », il a plutôt « fui d'enjamber par-dessus le degré de fortune » où il était logé [1].

Mais les princes n'aiment guère les discours fermes, ne supportent pas longtemps « qu'on n'épargne rien à leur dire, pour pesant et cuisant que ce soit », n'acceptent pas les

---

1. On lit dans son épitaphe : *amicos usus reges maximos.*

hommes qui ne se donnent qu'à moitié ; ils méprisent les services « conditionnels et limités ». Montaigne n'aime pas à faire des contes, montre nettement ses « bornes » et n'admet pas d'autre joug que celui de la raison ; encore ne vient-il pas à bout de se soumettre tout à fait à celui-là même. Quand on pousse l'antipathie pour les subjections les plus légères jusqu'à retrancher chez soi « le plus possible de la cérémonie », on est bientôt las de la « servitude des cours ».

En même temps qu'il s'était « heurté à ce pilier, le manque de soumission envers les grands », il avait assisté au triomphe du machiavélisme. Ennemi juré de toute perfidie et cruauté, il vivait en un « siècle gâté » où ni la droiture ni l'humanité n'étaient permises.

Commynes avait écrit : « Nous sommes affaiblis de toute foi et loyauté et ne saurais dire par quels liens on se puisse assurer les uns des autres. » Le mal n'avait fait qu'empirer : au temps de Montaigne la menterie s'imposait « à l'innocence même » ; une « nouvelle vertu de feintise et de dissimulation » devenait à la mode, était fort en crédit.

La guerre civile avait rendu les Français si sauvages, si cruels et si farouches qu'ils étaient, dit La Noue, la plupart convertis en tigres. Montluc et des Adrets se sont illustrés par leur férocité. D'autres exemples moins connus sont peut-être plus instructifs. Brantôme raconte que M. de Montpensier « faisait état et gloire d'être descendu de Saint-Louis, et s'efforçait à l'imiter et à se façonner à ses bonnes et saintes mœurs » ; ce « bon prince », quand on lui amenait un prisonnier, lui disait d'abord : « Vous êtes un huguenot, mon ami, je vous recommande à M. Babelot. » M. Babelot était un cordelier à qui on conduisait le prisonnier « lequel un peu interrogé, était aussitôt condamné à mort et exécuté ». Quant aux femmes, on les faisait violer.

Coligny n'était certainement pas cruel ; « rien ne le fâchait tant que les égorgements ; mais, pour les polices et conséquences », il forçait son naturel, jusqu'à faire, de sangfroid, massacrer en Périgord deux cent soixante prisonniers. Henri IV a dépeint le spectacle « vraiment bien étrange » que présentait alors la cour : « Nous sommes, écrivait-il, toujours prêts à nous couper la gorge les uns aux autres ; nous portons dagues, jaques de mailles et, bien souvent, la cuirasse sous la cape. » Montaigne ne pouvait se faire à ces mœurs sauvages ; il avait eu peine à se persuader, avant d'en avoir été témoin, « qu'il existât des âmes si farouches, qui, pour le seul plaisir du meurtre, le voulussent commettre, hacher et détrancher les membres d'autrui, aiguiser leur esprit à inventer des tourments inusités et des morts nouvelles, pour cette seule fin de jouir des gestes et mouvements pitoyables, des gémissements et voix lamentables d'un homme expirant en angoisse ».

Il avait fini par comprendre et honorer L'Hospital, n'était pas éloigné de penser comme lui. Déjà peut-être, se disait-il, non sans un retour mélancolique sur son passé, que les bonnes intentions, si elles ne sont pas conduites avec modération, poussent à des effets très vicieux; que le plus sain parti était sans doute celui qui maintenait la religion et la police anciennes du pays, mais que la passion jetait les plus honnêtes gens de ce parti hors des bornes de la raison et leur avait fait prendre bien des conseils téméraires, violents, injustes. Déjà aussi peut-être les revers des protestants lui inspiraient quelque compassion [1].

« Au maniement de la confusion qui régnait », et voyant tous les jours des natures, capables de justice, se corrompre, il disait :

---

1. Il a dit plus tard que la cause qu'il condamnait l'avait « parfois concilié à soi, pour la voir misérable et accablée ».

« Qui se vante en un temps si malade, d'employer au service du monde une vertu naïve et sincère, ou il ne la connaît pas, les opinions se corrompant avec les mœurs (de vrai, oyez la leur peindre, oyez la plupart se glorifier de leurs déportements : au lieu de peindre la vertu, ils peignent l'injustice toute pure) ; ou, s'il la connaît, il se vante à tort, et quoiqu'il dise, fait mille choses de quoi sa conscience l'accuse. En ce démembrement de la France, chacun travaille à défendre sa cause, mais, jusqu'au meilleur, avec mensonge [1]. »

« La contagion est très dangereuse dans la foule. On s'expose à imiter les vicieux... Antisthène ne semble pas avoir satisfait à celui qui lui reprochait sa conversation avec les méchants, en disant que les médecins vivent bien avec les malades ; car s'ils ser-

---

1. Ses amis l'engagèrent plus tard à écrire les affaires de son temps ; il s'y refusa parce qu'il aurait eu « à publier des jugements illégitimes et punissables ». Cette condamnation est discrète ; elle n'en est que plus grave.

vent à la santé des malades, ils détériorent la leur. » Montaigne tient fort à la sienne, autant à celle de l'âme qu'à celle du corps. Il a autrefois voulu « employer au service des affaires publiques les opinions et règles de vivre rudes, neuves, impolies ou impollues » qui sont les siennes ; il les y a trouvées ineptes et dangereuses : « Celui qui va en la presse, il faut qu'il gauchisse, qu'il serre les coudes, qu'il recule ou avance, voire qu'il quitte le droit chemin selon ce qu'il rencontre ; qu'il vive non tant selon soi que selon autrui, non selon ce qu'il se propose mais selon ce qu'on lui propose, selon le temps, selon les hommes, selon les affaires. » Quand Montaigne pourrait prendre cela sur lui (et il ne le peut), il ne le voudrait pas. Il estime que quand on a des mœurs « établies en règlement au-dessus de son siècle, on n'a qu'à les tordre et émousser » ou plutôt qu'à se retirer : *exeat aula qui volet esse pius*. Il n'admet pas que, sous prétexte du bien public, toutes choses soient permises. De même qu'il a répudié la magistrature, moins à cause des subtilités ennuyeuses de la chicane, que par dégoût du « vilain trafic qui se couvre sous l'honorable titre de justice », il « résigne à d'autres les offices qui requièrent qu'on trahisse et qu'on massacre ». Il se sépare de ses anciens amis à l'heure de leur triomphe, parce qu'il a reconnu que rien n'est si difficile que de se tenir droit dans le monde, que l'ambition n'arrive à ses fins qu'à force de lâcheté, en passant par trop d'abjection et de servilité, que le rôle auquel il avait aspiré exige des procédés qu'il hait « capitalement ».

Il ne se dissimule pas que « ce n'est pas une légère partie que de faire ainsi sa retraite ». Pour entreprendre de se passer de compagnie, et surtout pour persister à vivre à l'écart comme un être « farouche et insociable », quand on est jeune, actif, éminemment sociable et « empêtré de violentes prises qui engagent ailleurs », il faut en effet une vertu qui ne se rencontre pas toujours avec les discours les plus sages et qui allait faire tristement défaut à un autre illustre *essayist.* Montaigne n'était pas au fond moins épris que Bacon, des places qui donnent honneur et puissance, mais il appréhendait les chutes auxquelles elles exposent. Ame fière, généreuse, il s'isola et demeura isolé par un effort viril, par un acte de haute raison, par dignité, par probité. Nullement misanthrope, sa retraite fait penser à celle d'Alceste cherchant loin du monde un endroit écarté où d'être homme d'honneur il ait la liberté.

# CHAPITRE IV

## L'AVIS DE 1580

Dans la retraite à laquelle il se résignait, il pouvait espérer, sinon une vie agréable, du moins la tranquillité et la paix, le calme et le repos. Il ne les eut pas.

Son esprit « libre enfin de s'arrêter et rasseoir en soi, en pleine oisiveté », ne sut pas profiter d'une faveur si grande, se mit à « faire le cheval échappé », se donna cent fois plus de carrière que jamais, enfanta « sans ordre et sans propos, des chimères et des monstres fantasques ». Le loisir de s'entretenir avec lui-même et « le chagrin de la solitude » produisirent en lui « une humeur mélancolique », il sentit le besoin de s'y soustraire, de brider et contraindre cet esprit déréglé, de l'empêcher de s'égarer « dans le champ vague des imaginations où il n'est folie qui ne se produise ». De là, lui vint premièrement en tête cette rêverie de se mêler d'écrire [1]. Pour « se distraire d'idées importunes et se décharger d'une oisiveté ennuyeuse », il prit la plume et se mit à compiler avec une ferveur que l'abbé Trublet lui-même n'a pas surpassée.

Les *Essais* ne furent d'abord qu'un paquet de notes dans lequel il entassait pêlemêle, au hasard, des textes recueillis sans choix, sans ombre de critique, sans écarter les choses les plus oiseuses ou les plus puériles. Il conseille de ne pas s'arrêter à ses « fadaises » et plus d'une page ne mérite que trop ce nom. Des chapitres entiers sont « un fagotage de pièces décousues » [2],

---

1. Dans un autre endroit il dit qu'il écrivit d'abord « pour garder son imagination de se perdre et extravaguer au vent ».
2. Il disait cela à propos du chapitre 11 du livre II dans la première édition ; depuis il l'a effacé. Cela s'applique mieux encore à

des enfilades de citations qui n'ont pas même l'excuse de servir de prétexte à une remarque instructive ou ingénieuse, qui ne s'expliquent que par le désœuvrement, le parti pris de s'imposer pendant quelques heures une tâche propre à passer le temps, en évitant de réfléchir. Les chapitres sur les questions militaires, très arides pour la plupart, et beaucoup trop nombreux à notre gré, bien que nous ne les ayons pas tous [1], l'ont amusé; sa discussion sur la tactique du duc de Guise à la bataille de Dreux mérite d'être comparée avec le chapitre qu'un des meilleurs capitaines de la même époque a écrit sur le même sujet [2] : de part et d'autre, même curiosité. Évidemment la question n'intéresse pas Montaigne moins que La Noue. Mais pourquoi écrire le

---

d'autres chapitres, surtout à ceux de la fin du livre I, tels qu'ils étaient primitivement.

1. Après avoir écrit sur les armes des Parthes, il s'était occupé de celles des Romains et avait dit « bien amplement » ce qu'il en savait. Le morceau lui fut dérobé et, heureusement pour nous, il n'a pas perdu son temps à le refaire.

2. *Discours politiques et militaires.* Bâle, 1587, p. 591.

chapitre sur les postes, celui sur les pouces et d'autres de la même force ?

Et ce n'est pas au début seulement qu'il s'adonna à ces exercices fâcheux. Après qu'il eut rencontré un sujet d'études moins frivoles, il continua à « bigarrer » maladroitement son livre de choses fastidieuses, indigestes, pour le plaisir incompréhensible de faire des remarques qui certes n'en valaient pas la peine. Il allongea son texte primitif pour dire qu'un Constantin, fils d'Hélène, fonda l'empire de Constantinople, qu'un autre Constantin, fils d'une autre Hélène finit ce même empire, et « qu'il semble que ce soit l'effet d'un sort artiste ». Les pages qui ont grossi le chapitre des destriers, sont pardonnables ; peut-être aussi la monotone énumération de suicides dans le chapitre sur une coutume de l'île de Céos. Mais prolonger celui *du dormir* pour nous apprendre qu'il y a des nations chez lesquelles on dort pendant six mois et qu'Épiménide passe pour avoir dormi cinquante-sept ans de suite, cela n'a pas d'excuse.

Un amusement nouveau fit, par bonheur, trêve à cette manie. Montaigne se mit à s'étudier et entreprit de se peindre. Il prétendit même, dans l'avis au lecteur en tête de son livre, n'avoir pas fait autre chose. Il l'a répété ailleurs encore, ajoutant qu'il ne laissait rien à désirer ni à deviner en lui. Il s'en faut de beaucoup que ce soit exact.

Dans les *Essais* tels qu'ils sont depuis l'année 1588, des chapitres entiers ne fournissent rien pour « la connaissance de ses conditions et humeurs », et quoiqu'il en dise, n'ont point du tout « une fin domestique et privée ». Dans les premières éditions, l'avertissement s'écartait de la vérité davantage encore : une notable partie des détails personnels qui sont donnés par le texte définitif, faisaient d'abord complètement défaut ; plusieurs ne paraissent avoir été introduits qu'afin de conformer un peu plus le livre à la déclaration si formelle par laquelle il commence et qu'il justifiait trop mal [1]. Même après ces additions, le désaccord reste frappant : « Je suis moi-même la matière de mon livre, c'est moi que je peins », dit-il. Que viennent faire, dans un portrait, des chapitres comme celui sur la bataille de Dreux, celui sur la parcimonie des anciens, celui des récompenses d'honneur, celui qui est intitulé : On est puni pour s'opiniâtrer à une place sans raison ? Les observations sur les moyens de faire la guerre de J. César sont un morceau d'histoire romaine qui n'a rien de commun avec la personne ou les idées de Montaigne.

[1]. Par exemple le début et la fin du chapitre de la tristesse, c'est-à-dire à peu près tout ce qui se trouve de personnel dans ce chapitre, n'était pas dans la première édition. — Au milieu du chapitre 4 du livre II, quelques lignes personnelles, les seules du chapitre, sont des additions. — Un peu après le début du chapitre 9 du livre I, il y avait seulement dans la première édition : « J'en pourrais faire des contes merveilleux ». Tout le morceau qui suit a été intercalé postérieurement. — Dans les dix-neuf premiers chapitres de la première édition, en dehors de deux pages du chapitre de l'oisiveté, ce qu'il y avait de personnel était bien peu de chose. Si je ne fais allusion qu'aux dix-neuf premiers chapitres, c'est de peur d'une confusion à laquelle on est exposé, parce qu'à partir du vingtième le numéro des chapitres n'est pas le même dans les différentes éditions.

S'il ne s'est pas exclusivement apppliqué à se découvrir lui-même, comme il l'annonce, a-t-il au moins tenu sa promesse de ne laisser à désirer de lui « que ce que la bienséance ordonne de taire ». Il semble au contraire que la bienséance ne l'a guère arrêté ; il a beaucoup osé contre elle, montrant « du doigt » ce qu'il renonçait à indiquer autrement. Les convenances les plus strictes lui permettaient, sinon de se faire voir « tout nu », du moins de se faire voir « tout entier », de ne pas taire des choses dont il n'a pas dit un mot, de ne pas omettre dans les *Essais* des renseignements que nous y cherchons en vain, des éclaircissements à défaut desquels nous ne pouvons ni démêler d'une façon claire et assurée les motifs de sa conduite en des circonstances graves, ni pénétrer au fond de sa pensée sur des points d'une importance capitale. L'abondance de détails superflus à laquelle il nous a accoutumés en des matières peu intéressantes, fait avec ces réticences un contraste qui augmente le regret qu'elles causent et excite à demander d'où elles proviennent.

Il a sa vie à peindre [1] ; il ne la peint pas. Si vraiment il était disposé à se dévoiler sans réserves, que n'écrivait-il son histoire ? Pourquoi ne pas raconter les événements qu'il avait traversés, le rôle qu'il y avait joué, l'impression qu'il en avait reçue ? Il assure qu'il ne peut « tenir registre de sa vie » par ses actions, « attendu que la fortune les a mises trop bas » ; l'excuse n'est pas sérieuse, et la prétention de suppléer aux actes par des rêveries, par des fantaisies, ne l'est pas davantage, surtout dans la bouche d'un homme qui met l'action au-dessus de tout. Donner de véritables mémoires [2],

---

1. C'est bien de son passé qu'il veut parler et non de sa manière de vivre ; il s'agit bien de faire, comme disait Brantôme. « revue de sa vie passée » ; le passage est formel : « Le temps où ma vie que j'ai à peindre, je l'ai tout devant moi ; ce qui reste, tient plus de la mort ».

2. Le chapitre 9 du livre III où, bien inexactement, les *Essais* sont appelés des « mémoires », est un des très rares morceaux qui méritent cette étiquette.

n'eût-ce pas été le meilleur moyen pour achever de se révéler, pour laisser de lui cette connaissance plus entière et plus vive dont il parle si bien et qui nous serait si précieuse? Il attachait aux biographies un prix excessif; il regrettait qu'il n'y eût pas une douzaine de Diogène Laerce; il estimait qu'il vaut mieux posséder la *Vie* de Brutus que son traité *de la Vertu*, dont il a pourtant « mille fois déploré la perte ». Il pensait connaître Plutarque « jusque dans le fond de l'âme, car ses écrits nous le découvrent assez », et toutefois il aurait voulu de plus « quelques mémoires de sa vie ». Puisqu'il ne considérait pas « la fortune et l'histoire des hommes moins curieusement que la diversité de leurs dogmes et de leurs fantaisies », il aurait dû prévoir que nous aurions la même curiosité en tout ce qui le touche.

Qu'il n'ait donné aucun détail des amours qui agitèrent si fort sa jeunesse, cela se conçoit; cette grande réserve est de bon goût, mais c'est une lacune assez grosse, même aux yeux de ceux qui ne tiennent pas autant que Sainte-Beuve à savoir comment les gens se comportent sur l'article des femmes. Il a dit que si tout le papier jadis barbouillé par lui pour le service des dames subsistait, il s'en trouverait des pages dignes d'être communiquées à la jeunesse embabouinée de cette fureur. Il a fait une très légère allusion à des intrigues nombreuses et curieuses, à de périlleuses aventures qui lui étaient arrivées [1]. S'il avait parlé de tout cela avec moins de discrétion, il aurait sans aucun doute ajouté à son portrait des touches magistrales, des traits essentiels.

Sur d'autres articles, il a gardé un silence complet et dont nous ne voyons pas les motifs. Il ne parle ni de sa mère, ni de sa femme, ni de sa fille? [2] Est-ce une

---

1. « J'ai, autant que j'ai pu, chargé sur moi seul le hasard de nos assignations pour les en décharger... et dressé nos parties toujours par le plus âpre pour être moins en soupçon ».
2. Il n'est pas étonnant que Léonore ne figure pas dans la première édition des *Essais*; mais, née en 1571, elle était déjà grande

manière de faire entendre qu'il les comptait pour rien? Cela aurait valu la peine de le dire, au moins autant que bien d'autres choses sur lesquelles il n'a pas dédaigné de s'arrêter. Mais, malgré quelques mots dont on pourrait abuser, il n'est point du tout certain que ces trois personnes n'aient tenu aucune place dans son cœur.

De son existence avant sa retraite, de la fin de ses études, de sa carrière de magistrat, de son séjour à la cour, des relations qu'il y eut, des négociations auxquelles il fut mêlé, de son serment de 1562, nous ne savons rien par lui; le peu que nous avons, vient d'ailleurs, et en bien des cas nous sommes réduits à de très vagues conjectures. Il a pris la peine de transcrire ses remarques sur les mémoires de du Bellay; j'aimerais bien mieux savoir ce qu'il pensait d'Érasme. L'avait-il beaucoup lu? Il avait

---

quand son père reprit la plume, et avait seize ans quand il acheva le livre III.

de lui une très grande opinion, mais laquelle? Elle nous intéresserait tout particulièrement, et il n'en a pas dit un mot. Sa carrière militaire nous est complètement inconnue. Quant à ses croyances religieuses, nous verrons plus loin combien il est difficile d'en rendre un compte plausible.

Enfin, la chose qu'il fallait, plus qu'aucune autre, mettre en pleine lumière, l'évolution, la transformation profonde qui s'est produite, en lui, il l'a tantôt dissimulée, tantôt niée.

# CHAPITRE V

### LE VIEIL HOMME ET LE NOUVEAU

« Il n'est personne, s'il s'écoute, qui ne découvre en soi une forme sienne qui lutte contre l'institution. » Cela n'est peut-être pas d'une vérité aussi générale que Montaigne l'affirme; il applique là à tout le monde ce qu'il avait observé chez lui.

Il avait été élevé par un père auquel il ne ressemblait guère. Pierre Eyquem ne paraît pas avoir eu l'esprit très libre ni très large. Dévot, superstitieux, recevant les hommes doctes « comme personnes saintes », recueillant leurs sentences et leurs discours comme des oracles et avec d'autant plus de révérence et religion qu'il n'avait aucune connaissance des lettres, il cédait trop facilement à l'empire de la coutume, aux conseils de son entourage. Il se plaisait aux romans de chevalerie et autres fantaisies espagnoles et pétrarchistes. Il parlait peu. Il aimait et s'entendait parfaitement à administrer son bien, à bâtir, à planter. Il ne prenait pas moins de plaisir à gérer les affaires politiques, se mêla à celles de Bordeaux et s'y consacra avec un zèle sans bornes.

Montaigne avait d'autres goûts en toutes choses, aussi bien en fait de lecture [1] qu'en fait de cuisine et de « mesnagerie ». Les amateurs de conjectures pourraient dire qu'il tenait davantage de sa mère, issue de famille israélite, et cette hypothèse ne manquerait pas de vraisemblance. Il ne se

---

1. « Les Amadis et telle sorte d'écrits » n'eurent pas le crédit de l'arrêter même en son enfance. Cela est d'autant plus remarquable que « revêtus par la France de beaux habillements », les Amadis enfantés par l'Espagne étaient en si grande vogue que si quelqu'un eût voulu les blâmer, on lui eût craché au visage »; La Noue dit que ces livres faisaient autant de mal aux jeunes que Machiavel aux vieux.

rapprochait de son père que par la haine de la médecine et par une certaine inclination vers les faibles et les petits : encore alliait-il à cette inclination un grand mépris pour le vulgaire, pour les âmes populaires et communes [1]. En admirant la façon dont son père s'était dévoué aux fonctions de maire de Bordeaux, il déclarait n'être pas d'humeur à suivre un train pareil et prétendait qu'il ne faut pas trop s'oublier « à l'usage de la société publique ». Mais il vénérait et chérissait son père, s'attarda longtemps, par déférence, dans les voies où il avait été jeté par lui, dans les occupations où, presque encore enfant, il s'était vu « plonger jusqu'aux oreilles ». Il échappa assez tard et non sans hésiter, à une direction qui lui convenait mal. L'émancipation se fit pourtant peu à peu : les instincts comprimés par « l'institution » se développèrent. Ne son-

---

[1]. Une des raisons pour lesquelles il préférait Sparte à Athènes, c'est qu'à Athènes « le vulgaire pouvait tout. »

geait-il pas à sa propre histoire lorsqu'il parlait de ce qui arrive à l'homme qui, rapportant les choses à la vérité et à la raison, sent son jugement tout bouleversé et remis en plus sûr état? Rentré en soi pour raisonner des ordonnances impérieuses de la coutume, il les trouva déraisonnables.

La transformation commencée par une sorte de réaction contre l'autorité paternelle, fut complétée par une autre réaction contre lui-même. En même temps qu'il s'affranchissait des liens qui lui avaient été donnés contrairement à ses penchants naturels, il combattait ces mêmes penchants impérieux, se dominait et réformait. L'expérience, la pratique des affaires et de la cour, lui avait enseigné à réprimer les ardeurs excessives auxquelles il était sujet. Son bon sens, développé par la retraite et la méditation, le dégageait de préjugés adoptés aveuglément.

De ce double travail sortit un homme nouveau. Mais l'homme ancien subsistait : très vivace bien qu'amoindri, il reprenait souvent le dessus. « La variété et contradiction qui se voient en nous, a fait qu'aucuns nous songent deux âmes; d'autres, deux puissances, qui nous agitent chacune à sa mode. » Deux âmes ou deux puissances cohabitent en effet chez lui, le possèdent tour à tour, le poussent en sens opposés, lui font tenir des discours étrangement contradictoires.

En 1570, dans une lettre à M. de Mesmes, il avait raillé ces fines gens, qui se moquent du soin de ce qui se passera après nous quand notre âme logée ailleurs n'aura plus à se ressentir des choses d'ici-bas; il estimait que c'est une grande consolation à la faiblesse et brièveté de cette vie, de croire qu'elle se puisse allonger par la réputation et la renommée, et embrassait très volontiers une si plaisante opinion sans s'enquérir ni pourquoi ni comment elle est engendrée en nous. Un peu plus tard, retiré à Montaigne, il commença à critiquer cette « rêverie », ce soin de la réputation et de la gloire qu'on épouse jusqu'à quitter les biens effectuels et substantiels pour suivre une image vaine, « humeur déraisonnable dont les philosophes eux-mêmes ont plus de peine à se défaire que de nulle autre ». En 1588, il ajouta : « Il n'en est guère dont la raison accuse si clairement la vanité ; mais elle a ses racines si vives en nous, que je ne sais si aucun peut s'en nettement décharger [1]. » Pour lui, il ne le pouvait pas : mal guéri de cette faiblesse, il y retombe, parle avec trop de complaisance du tombeau de ses aïeux, du parchemin qui lui confère la qualité de citoyen romain ; mais en y réfléchissant mieux, il reconnait qu'« il n'est rien si éloigné de raison que de nous mettre en quête de gloire et d'honneur », qu'on ne tient à la gloire que par la vanité d'une opinion fantastique, il accuse l'inanité et la

---

1. Et encore : « Quel ressentiment ont ces deux compagnons en principale valeur, Épaminondas et Africanus, des glorieux vers qui courent en nos bouches ? »

fadaise de toutes les faveurs dont se nourrit une humeur niaise. Il blâme le vilain usage de prendre le nom de sa terre, comme il l'a fait lui-même. Toute la gloire à laquelle il prétend désormais, c'est d'avoir vécu tranquille. Enchérissant sur les paroles amères qu'il avait eues huit ans auparavant pour Cicéron et pour Pline parce qu'ils ont pris trop de soin de leur renommée, il dit qu'ils sont ridicules.

Les grands hommes de guerre avaient eu longtemps toute son admiration. Il mettait Alexandre et surtout César au-dessus des personnages les plus considérables; il garda peut-être jusqu'à la fin de sa vie un enthousiasme excessif pour les *Commentaires*. La vie « la plus riche et étoffée de parties plus désirables », lui semblait celle de cet Alcibiade à qui La Boétie l'avait comparé. Plus tard, après avoir eu une préférence pour Épaminondas, il ne vit plus ni forme ni fortune humaine qu'il regardât avec autant d'honneur et d'amour, que celles de Socrate, « le plus digne homme d'être connu et d'être présenté au monde pour exemple ». Les exploits qui l'avaient ébloui d'abord, devinrent pour lui moins importants que les mœurs, « cette partie qui seule doit être principalement considérée, qui, seule, marque véritablement quels nous sommes et qui contre-pèse à elle seule toutes les autres ensemble ».

Dégagé des superstitions paternelles, parvenu à une merveilleuse liberté d'esprit, il garde pourtant quelques vestiges, légers mais notables, des préjugés dont son enfance a été imbue : il aime mieux être douzième à table ou quatorzième que treizième; il accepte plus volontiers une invitation pour le jeudi que pour le vendredi; il donne son pied gauche à chausser avant son pied droit. En voyage, il lui déplaît de voir un lièvre traverser sa route, il préfère en rencontrer un qui la côtoie. Rêvasseries peu sérieuses sans doute ; il convient qu'elles ne méritent pas plus d'attention que les songes d'une vieille. L'homme nouveau est au-dessus de ces faiblesses et les juge selon leur valeur. Le vieil homme, indulgent pour elles, « trouve excusable de ne pas s'en défaire ».

L'expérience de la vie fortifiait la défiance dont l'éducation l'avait armé contre toute espèce de « nouvelleté » [1]. Selon son humeur, « aux affaires publiques il n'est aucun si mauvais train, pourvu qu'il ait de l'âge et de la constance, qui ne vaille mieux que le changement et le remuement ». A force d'être fidèle aux institutions établies, aux usages reçus, et hostile aux corrections brusques en quelque matière que ce soit, il regimbait contre la réforme du calendrier et la critiquait d'une façon puérile. En même temps, il ne faisait pas un pas, sans forcer quelque barrière de la coutume ; ce

---

[1]. Il dit qu'il en a vu « des effets très dommageables », et lui attribue tous les maux de son temps « voire ceux qui se sont faits sans elle et contre elle ».

conservateur, adversaire juré des chimères et des utopies, nullement disposé à renoncer aux douceurs de la vie policée, soumettait toutes les croyances, toutes les traditions, toutes les autorités à un examen impitoyable, et célébrait, comme un anarchiste, les sauvages qui vivent sans magistrats et sans lois.

Lorsqu'il commença les *Essais*, il regardait la mort comme le but de notre carrière, l'objet nécessaire de notre visée. Il répétait ce qu'avaient enseigné les philosophes antiques : « C'est le maître jour qui doit juger toute notre vie, le jour auquel se doit éprouver notre vertu. » « Je remets à la mort l'essai du fruit de mes études, disait-il, nous verrons là si mes discours me partent de la bouche ou du cœur. » En vieillissant, il change complètement d'opinion; il ne fait plus de la vie une longue préparation à la mort comme le voulaient les anciens sages. Il n'efface rien de ce qu'il avait écrit sur ce sujet, n'y change pas un mot ; seulement, sans précaution aucune, sans paraître s'apercevoir de l'énormité de la contradiction, après avoir répété, en latin cette fois, le mot de Cicéron qu'il avait mis en français, il ajoute tout tranquillement : « Ils s'en vanteront tant qu'il leur plaira, mais ce m'est avis que la mort est bien le bout, non pourtant le but de la vie ; c'est sa fin, son extrémité, non pourtant son objet. » La vie doit être « à elle-même, à soi, sa visée, son dessein ». Désormais la mort ne lui paraît qu' « un quart d'heure sans conséquence, sans nuisance », et la philosophie qui nous ordonne de l'avoir toujours devant les yeux et prétend nous y préparer par des règles et des précautions, le fait songer aux médecins « qui nous jettent aux maladies afin qu'ils aient où employer leurs drogues et leur[1] art ». Il ne croit plus qu'à l'article

---

1. Il dit encore : « Si vous ne savez pas mourir, ne vous en chaille.. nature fera exactement cette besogne pour vous, n'en empêchez votre soin. »

de la mort, il soit à propos de faire preuve ou montre de constance, ni qu'il faille juger un homme et son passé d'après les faiblesses où il peut tomber au dernier moment, quand il est usé par l'âge, par les maladies. Dans la première édition de son livre, il avait dit que, non seulement un empereur, mais encore tout galant homme, doit mourir debout ; à la place de cela, (c'est une des très rares suppressions qu'il ait faites au texte primitif), il met : « En mon temps, trois des plus exécrables personnes que je connusse en toute abomination de vie, et les plus infâmes, ont eu des morts réglées, et, en toute circonstance, composées jusqu'à la perfection. »

A la fin du chapitre des prognostications, il avait parlé du démon de Socrate, non seulement sans faire la moindre critique, mais en s'attribuant à lui-même des suggestions du même ordre : « En une âme bien épurée comme la sienne, et préparée par continuel exercice de sagesse et de vertu, il est vraisemblable que ces inclinations quoique téméraires et indigestes, étaient toujours importantes et dignes d'être suivies... J'en ai eu de pareillement faibles en raison... auxquelles je me laissai emporter si utilement et heureusement, qu'elles pourraient être jugées tenir quelque chose d'inspiration divine. » A la fin des *Essais* c'est précisément cela seul qu'il trouve défectueux en la vie de Socrate : « ces extases et démoneries » sont « fâcheuses à digérer ».

Il n'est pas mauvais, il est même très bon parfois, qu'une page d'un livre vienne corriger une autre page du même livre. Certaines contradictions sont légitimes, dictées par le bon sens ou par l'équité. Montaigne en a de telles et nous allons bientôt y applaudir. Celles que nous venons de voir et d'autres semblables déconcertent, impatientent, quand on ignore comment elles se sont produites, et après qu'on en a découvert l'explication, on reste un peu choqué d'une si prodigieuse aisance à intercaler des choses qu'il est impossible de concilier avec ce qui les précède ou ce qui les suit. Puisque Montaigne tenait à amalgamer ses opinions nouvelles avec les anciennes, il devait du moins remédier au vice de son procédé bizarre, en indiquant des dates, en montrant avec soin, comme il l'annonce, le progrès de ses humeurs, en faisant voir « chaque pièce en sa naissance », en confessant une bonne fois les changements qui s'étaient opérés en lui, l'espèce de conversion qui y engendrait un tel conflit d'opinions.

Il l'a bien fait en quelques endroits et dans une certaine mesure. Il a expliqué, sans grand détail mais d'une façon non équivoque, sa résistance à l'ambition. Il a dit que l'âge lui avait rendu ce service d'amortir plusieurs désirs et soins dont la vie est inquiétée ; que sa vieille âme pesante n'était plus chatouillée comme autrefois par Arioste et le bon Ovide; que peu économe, sinon prodigue, à vingt ans, il était tombé dans l'excès opposé vers l'âge de trente ans où il devint parcimonieux, d'une prudence honteuse et ridicule[1]. Autrefois, il engageait ses hardes moins à contre-cœur qu'il ne fait à présent brèche à la bourse favorite qu'il tient à part.

Que n'a-t-il ainsi mis partout en évidence les mutations produites en lui par les années! Il ne les accuse ouvertement qu'en matières peu importantes. Les autres n'apparaissent que par le rapprochement de pages éparses, ne sont marquées que par des indications égarées à des places où on ne songe pas à les chercher. Loin de bien exposer en quel temps, en quelles circonstances, par quel travail et quel effort le vieil

---

[1] Il entre ici dans des détails amusants : il craint toujours de venir à manquer, s'ingénie à pourvoir par réserves superflues à tous inconvénients imaginaires, est assiégé de sentiments épineux et incommunicables. Va-t-il en voyage, il croit n'avoir jamais assez, se charge à la fois de monnaie et de crainte, ne parle de son argent qu'en mensonge. Laisse-t-il sa boîte chez lui, que de soupçons!

homme s'était doublé d'un homme nouveau; loin de peindre cette dualité et les luttes qui en résultaient, il présente ses contradictions comme des écarts accidentels, des ébats éphémères d'un esprit mobile et flottant, d'une âme incapable de se fixer; il rattache au passage d'une minute à une autre [1], ce qui fut l'effet des années et du passage d'un âge à un autre; il s'attribue une versatilité native, permanente, incurable, pour expliquer des variations qui n'arrivèrent que par un progrès lent et soutenu, ou bien il nie tout changement et parle comme s'il avait toujours été ce qu'il devint au terme d'une évolution tardive. A l'entendre, on n'imagine pas qu'il ait jamais eu d'autre attitude que celle qui le fit croire Gibelin par les Guelfes et Guelfe par les Gibelins; rien ne donne à penser qu'avant d'acquérir l'impartialité et la réserve pru-

---

[1]. « Je peins le passage, non un passage d'un âge à un autre, mais de jour en jour, de minute en minute. »

dente commandées par le bon sens, il fut homme de parti, capable d'un excès de zèle fanatique.

Il ne serait pas fâché de passer aux yeux du gros public pour un être nonchalant par complexion, incapable de réformation sérieuse, dispensé d'ailleurs par un assez bon naturel d'effort pénible pour se corriger. Il prétend que ses opinions varient faute de conviction sérieuse, qu'il est trop mol et trop inerte pour se modifier foncièrement. N'étant pas né mauvais, il n'a pas eu à se contraindre, est resté tel que la nature l'avait fait, point vicieux, point vertueux; il ne doit ce qu'il peut avoir de bon qu'au sort de sa naissance; l'étude, l'apprentissage n'y sont pour rien. Il n'a aucunement su profiter d'une expérience qui aurait été salutaire à un meilleur écolier. Il doit à la fortune plus qu'à la raison d'échapper à la plupart des vices; son innocence qu'il ne tient « ni de loi ni de précepte », est accidentelle, « fortuite, niaise ». Aucun art, aucune discipline n'a présidé à la formation de ses mœurs ; s'il s'était trouvé exposé à l'assaut de quelque passion tant soit peu véhémente, il n'eût pas eu la fermeté nécessaire pour le soutenir. Il se laisse aller doucement à ses inclinations sans les contrôler de près, sans écouter « la raison trouble-fête ».

Mais tournez quelques pages : le voici qui parle « de débordements que son jugement accuse vigoureusement », et de vices qu'il a « soigneusement contraints et retranchés »; ses passions ont leurs entrées violentes et âpres, il a du mal à les gouverner, aussi les redoute-t-il : il « épie leurs circonstances, les petits vents avant-coureurs qui les annoncent; les voyant venir, il s'applique à ralentir leur impétuosité, s'oppose à leur progrès, s'étudie à ne pas se laisser captiver à leur merci. Il se bande et prépare contre les accès de colère auxquels il est enclin. Il s'est guéri de ses débauches

de jeunesse qui ont fini par lui déplaire
« comme elles le devaient ». Il « forge »
son âme, qui plus d'une fois relève son corps
et ses chutes, se cultive en courage pour
apprendre à se passer virilement des commodités qui viennent du dehors. A l'occasion,
pour aiguiser son appétit ou conserver sa
vigueur au service de quelque action de
corps ou d'esprit, il « dérobe un repas »,
c'est-à-dire qu'il jeûne : effort léger mais
qui n'est pas d'un homme mol et inerte [1].
Il pratique « l'art d'affaiblir par diversion »
les désirs qui le tyranniseraient. De bonne
heure il a appris à craindre son allure naturelle, à contraindre sa vie, à « la ranger
pour un nouvel état », s'est avancé, non
sans peine, le plus qu'il a pu, « vers la réparation et le règlement ». Il a des « raidissements sains et vigoureux », cherche à croître
en patience, prudence et résolution, profite

---

1. Ceci non plus : les médecins ui ont donné des avis contre le mal de mer; il ne les suit pas « ayant accoutumé de dompter ses défauts » par lui-même.

des mauvais exemples pour s'amender, s'efforçant de se rendre aussi agréable qu'il voit de personnages fâcheux, aussi ferme qu'il en voit de mols. Il préfère la fréquentation des gens qui le gourment, à celle des gens qui le flattent et se sent plus fier de la victoire qu'il gagne sur lui-même quand il se fait plier de plein gré sous la force de son adversaire, que de celles qu'il peut gagner sur autrui. S'assagir est son métier et son ouvrage. Il met tous ses efforts à « former » sa vie.

Les *Essais* ne sont pas sans influence sur ses mœurs et sur sa conduite ; il n'a pas fait son livre plus que son livre ne l'a fait: composant et dressant cette figure moulée sur lui, « le patron s'en est fermi et aucunement formé soi-même ». Le gain de son étude « c'est en être devenu meilleur et plus sage ».

La vérité est qu'il y eut un temps où il se laissait vivre sans songer à résister à ses penchants, à ses emportements juvéniles et que, de cet abandon, subsistent quelques traces ineffaçables : il conserve une certaine indulgence pour une vie peu ordonnée et sans discipline, jusque dans l'âge où il se régente avec une constante fermeté et une admirable vigilance. Selon les heures, il a pu se présenter tantôt sous une forme et tantôt sous l'autre. Il n'indique pas la raison de ce contraste, mais il ne cherche pas à la dissimuler; de l'image confuse qu'il a tracée, deux images peuvent être dégagées aisément, toutes deux vraies et fidèles, celle de la jeunesse livrée à ses instincts, tumultueuse, dissipée, sans frein et sans règle, et celle de l'âge mûr, du solitaire converti, composé et soumis à la règle.

A d'autres égards il est beaucoup plus difficile de discerner ce qui fut originel de ce qu'ont amené les années, les circonstances, l'apprentissage; nous ne démêlons les traits accidentels et tardifs des traits primitifs, nous ne faisons bien la part de l'homme ancien et celle de l'homme nouveau, qu'à condition d'être très attentifs et de nous tenir soigneusement sur nos gardes.

## CHAPITRE VI

#### ÉGOÏSME ET INDIFFÉRENCE

La tiédeur, le détachement de toutes choses, l'égoïsme, parfois même une prudence qui ressemble fort à la lâcheté, s'étalent dans les *Essais* naïvement, sans vergogne, avec une sorte d'effronterie. En maints endroits, Montaigne paraît bien décidé à ne vivre que pour lui, à passer à tout prix la fin de ses jours en repos, sans agitation et sans trouble quoi qu'il arrive, uniquement occupé de son bien-être, ramenant à lui toutes ses pensées et ses intentions. Il se dénoue de la société, ne s'inquiète aucunement des autres, se défend de toute liaison qui l'attacherait à eux ; il professe qu'il faut n'épouser que soi, ne viser qu'à son contentement, n'avoir de but que le plaisir ou tout au moins une exemption, aussi complète que possible, de soucis et de peines. En mourant, il ne regrettera rien ni personne parce qu'il ne tient à rien ni à personne. Il s'est « dépris du monde universellement ». Il ne blâme pas, il a l'air d'approuver les gens qui disent que le sage ne doit rien faire que pour lui, attendu que « seul il est digne pour qui l'on fasse », que c'est injustice qu'il se hasarde pour le bien public et mette la sagesse en péril pour les fous. Le grand point, l'étude capitale, est de « passer à son aise ». S'il n'y a pas d'autres moyens d'éviter les coups, Montaigne est décidé à prendre une fuite humiliante ; il est prêt à se cacher « fut-ce sous la peau d'un veau », et le meilleur jeu qui s'offre à lui, il l'accepte, si peu glorieux et exemplaire qu'il puisse être.

Au moment où je transcris ces lignes, je

me souviens que Bacon dit exactement le contraire : *it is a poor centre of a man's actions, himself;* ce n'est point une raison pour croire à son désintéressement. Je ne crois pas davantage à l'égoïsme de Montaigne. La façon dont il parle, l'accent de son discours, décèlent d'autres sentiments que ceux qu'il affecte; il adopte un rôle et l'effort que ce rôle lui coûte, prouve qu'il n'est pas arrivé, qu'il n'arrivera jamais à l'apathie morale dont il se flatte. Il me fait penser à ces acteurs qui, immobiles dans un coin de la scène, chantent à pleine voix : « Marchons en silence. »

Un véritable égoïste ne se tient pas en garde contre « l'affection immodérée dont nous nous chérissons », n'a pas besoin de se prêcher l'indifférence et de s'exhorter au détachement; il ne connaît pas les « pensements fâcheux » de Montaigne, ne s'afflige pas de l'indigence et oppression du pauvre peuple, ne s'émeut pas des querelles qui divisent son voisinage, n'est pas réduit à employer toute sa force pour s'opposer aux affections qui le distraient de lui « et attachent ailleurs ». Montaigne a une sensibilité nullement mélancolique mais profonde, il se laisse tenter par l'inclination, par un mot, par un bon visage; il ne pleure guère des maux dont il est témoin, mais s'adonne volontiers aux petits et aux faibles par naturelle compassion qui peut beaucoup sur lui, « par merveilleuse lâcheté vers la miséricorde et la mansuétude ». Il ne sait pas repousser les caresses importunes de son chien; le gémissement du lièvre expirant lui gâte le plaisir de la chasse. Il a même un certain attachement aux arbres et aux plantes, parle d'un général devoir d'humanité qui s'étend jusqu'à ces êtres inférieurs. Son égoïsme voulu, factice, de mauvais aloi, n'est pas de l'égoïsme et pourrait bien être tout le contraire.

Alceste déteste-t-il le genre humain autant qu'il le pense? Certaine misanthropie n'est faite que d'affection déçue, du regret que laissent les amitiés rompues et les amours trompés, de même qu'une certaine arrogance ne vient que d'une grande défiance de soi-même et sert à masquer une timidité secrète. Ne serait-ce pas pour avoir trop aimé et de peur de trop aimer encore, que Montaigne s'enveloppe tant d'indifférence? Il s'était « harpé avec trop grande faim » aux liaisons qui revenaient à son goût; il y renonça, ou plutôt essaya d'y renoncer à cause des souffrances qu'elles lui causaient. Il se détacha parce qu'il s'était trop étroitement attaché, s'arma d'insensibilité parce qu'il avait une sensibilité excessive, garda le silence parce qu'il était « langagier », se retira et renferma en lui, se fit solitaire, « farouche, insociable », parce qu'il était extrêmement ouvert, sociable, « tendre par nature ».

Comme il se tenait à l'écart, opposant à

tous les partis une même défiance et une égale sévérité, on lui reprocha d'être dédaigneux, froid, inerte. Les badauds et les écervelés, qu'une lutte odieuse divertit ou affole, croient insouciant l'homme qui, plein de douleur, de dégoût, détourne ses yeux de maux auxquels il ne peut rien. Montaigne n'eût pas été embarrassé pour « rembarrer » ses censeurs ; mais lui-même arrivait par moments à s'attribuer une singulière froideur d'opinions, à se trouver pesant, mol, endormi, et à se persuader qu'il ne s'intéressait plus à rien de ce qui se passait autour de lui. Aux motifs qui l'avaient décidé à s'isoler, d'autres, encore plus graves, s'ajoutaient d'année en année.

Il y a un peu d'imprudence à décider qu'une époque est pire que les autres. Les comparaisons de ce genre pèchent toujours par quelque côté. Pourtant, on ne risque guère de se tromper, en disant que l'époque où s'écoula la seconde moitié de la vie de

Montaigne, est la plus triste et la plus répugnante de notre histoire. Étienne Pasquier, qui s'y connaissait, ayant longtemps et bien étudié les vieilles chroniques, déclarait que c'était le temps le plus misérable et calamiteux qui oncques eût été. Les premières années du xv⁰ siècle méritent seules de lui être comparées[1]. Chateaubriand, d'accord avec Voltaire sur ce point, dit qu'il se passa alors « des choses qu'on n'avait point encore vues en France et qu'on ne reverra jamais ». La France était « la fable des nations », sa ruine semblait presque irrémédiable et les bons citoyens souhaitaient son salut plus qu'ils ne l'espéraient[2]. Les lois faites pour le remède du premier mal servaient de prétexte et d'excuse à toutes sortes de mauvaises entreprises; leurs prétendus défenseurs donnaient eux-mêmes l'exemple de la rébellion contre elles. « Vraies écoles

---

1. Le rapprochement est indiqué dans la *Ménippée*, par d'Aubray.
2. Voir les *Discours* de La Noue et la dédicace de de Fresnes.

de trahisons, d'inhumanité et de brigandage », les nombreux partis qui divisaient le royaume, se valaient tous [1] : la justice qui pouvait s'y trouver à l'origine, n'était plus qu' « ornement et couverture », elle était « bien alléguée, mais ni reçue, ni logée ». La méchanceté prenait avec le congé des magistrats le manteau de la vertu. Le zèle religieux faisait merveille pour seconder la pente des gens vers la haine, la cruauté, l'ambition, l'avarice, l'indiscipline ; ceux qui avaient pris la religion à gauche, ceux qui l'avaient prise à droite, ceux qui en disaient « le noir », ceux qui en disaient « le blanc », l'employaient pareillement à leurs violentes entreprises, s'y conduisaient d'un progrès si conforme en débordement et en injustice, qu'ils rendaient douteuse et malaisée à croire la prétendue diversité de leurs opinions. La faction des Guises devenait

---

1. Au compte de Pasquier, il y en avait trois ou quatre rien que dans la Ligue.

peu à peu cette Sainte-Ligue qui allait adopter et propager avec une « horrible impudence »[1] les maximes révolutionnaires émises par quelques protestants exaltés. Qui eût tiré des armées[2] ceux qui marchaient par le seul zèle d'une affection religieuse, et encore ceux qui regardaient seulement la protection des lois, n'en eût sû bâtir une compagnie de gens d'armes complète.

Des témoins tels que Cheverny, qui, en parlant de son maître, aimait mieux dire le bien que le mal, n'ont pu dissimuler le dégoût et la haine que Henri III excitait en renouvelant les plus monstrueux excès d'Héliogabale.

Montaigne essaya d'assister sans trouble au spectacle de « notre mort publique », de se maintenir « aux présents brouillis en équanimité et pure indifférence ». Cicéron avait commencé par parler de même en

---

1. Le passage où ceci se trouve n'a paru que dans l'édition donnée par Mlle de Gournay, en 1595.
2. Montaigne a mis plus tard : « De l'armée même légitime ».

voyant crouler la République romaine. Je ne sais pourquoi Montaigne ne le remarque pas et ne cite pas les lettres à Atticus, où ses propres sentiments sont habillés en beau latin : l'étude, les livres, le commerce des Muses, la philosophie consolent de tout ; la douceur de vivre à la campagne, les occupations privées et domestiques rendent Cicéron insensible aux malheurs de Rome, il a l'esprit tranquille, ne s'afflige plus de rien, *nullus dolor me angit*. En fait, il est désolé et en convient : *nec sine summo scribo dolore; doleo ac mirifice quidem*, écrit-il dans les lettres qui suivent immédiatement celle où il se vante de son indifférence (*adiaphoria*). Montaigne n'a pas avoué son chagrin d'une façon aussi ouverte. Il assure que, pendant les guerres civiles, il ne songeait qu'à sauvegarder sa liberté d'aller et de venir, se tenant bien à l'écart par poltronnerie. Nous savons que cela n'est pas vrai ; nous savons que dans les cas trop rares où l'on voyait clairement ce qu'exigeait l'intérêt du pays, par exemple en 1574, pour concourir à la défense de Bordeaux, il a, sans hésiter, couru au service de la bonne cause et bravement payé de sa personne. En plusieurs traverses dangereuses, il marcha tête levée, d'un pas ferme, et par ses mâles conseils, son attitude hardie, écarta des dangers devant lesquels son entourage reculait. S'il avait toujours observé une neutralité stricte, il n'eût pas été mené prisonnier à la Bastille par les Ligueurs, en 1588.

Environ dix-huit mois après la publication des premiers livres des *Essais*, il fut élu maire de Bordeaux. Il était hors de France depuis plus d'un an, n'avait rien fait pour être nommé (il n'accepta la mairie que par ordre du roi); les Bordelais l'auraient-ils choisi, s'ils l'avaient connu pour un homme mol, inerte, indifférent? L'auraient-ils réélu deux ans plus tard ?[1]

---

1. On a dit que, lors de la peste, il manqua à ses devoirs. Il serait

Il finira par dire : « La plus honorable vacation est de servir au bien public et d'être utile à beaucoup. » Il laissera voir qu'il n'est pas de ceux qui parviennent à regarder sans émotion la ruine de leur pays ; il conviendra que « pour les âmes communes » au nombre desquelles il se met, « il y a trop d'effort et de rudesse à cela », et il embrassera le parti de Henri IV de « si pleine affection » qu'il sera prêt à vider sa bourse pour lui. Bien avant d'en arriver là, il verra déjà les succès de ce prince de si bon œil qu'il se croira tenu de s'en accuser à confesse [1].

facile d'établir qu'il a, non seulement rempli tous ses engagements, mais tenu plus qu'il n'avait promis ; qu'il n'a rien négligé « de ce que son devoir exigeait de lui à bon escient » ; qu'il n'a pas fui Bordeaux à cause de la peste, car chez lui, à Montaigne, l'air, ordinairement très pur, était « empoisonné » comme à la ville ; qu'il se croyait, par tempérament, peu sujet à la contagion, ne redoutait pas la mort et l'a prouvé plus d'une fois. Mais je me borne à ce qui me paraît indispensable pour entendre convenablement les *Essais*. D'ailleurs, une bonne partie de ce que j'aurais à dire sur ce point, a été dite par M. Bonnefon.

1. Nous savons cela par une lettre qu'il écrivit à Henri IV, en 1590. — Quel événement rendit légitimes ces vœux formés en un temps où ils ne l'étaient pas ? Il ne peut être ici question de la conversion de Henri IV au catholicisme puisqu'elle est postérieure à la mort de Montaigne. La mort de Henri III ? Mais Henri de Navarre avait des droits à la couronne bien auparavant ; il était l'héritier présomptif du trône depuis la mort du duc d'Anjou. Il semble donc que c'est en 1584 que Montaigne n'eut plus à entretenir son confesseur de son inclination vers le prince hérétique. Dès 1577, il était gentil-

Tenir son affection immobile et sans inclination aux troubles de son pays et en une division publique, il ne le trouvait « ni beau ni honnête. Cela peut être permis aux troubles des peuples voisins, ce serait une espèce de trahison de le faire aux propres et domestiques affaires auxquelles il faut nécessairement prendre parti ». Il avait résolument pris parti quand il s'exprimait ainsi, et c'était en effet pour tous les bons Français un devoir de le faire alors ; dix ans plus tôt, il avait le droit de s'isoler. « L'abstinence de faire est parfois, comme il le dit, aussi généreuse que le faire » ; il y a des heures malheureuses où l'impartialité, le bon sens, imposent l'inaction à ceux auxquels elle est le plus pénible. Dante, qui n'était pas un tiède, s'est fait absoudre par son aïeul, Cacciaguida, d'un détachement pareil à celui de Montaigne :

*A te fia bello averti fatta parte per te stesso.*

---

homme ordinaire de sa Chambre ; il le reçut à Montaigne en décembre 1584 et en octobre 1587.

A l'instant même où il se dit prêt à porter facilement, au besoin, une chandelle à saint Michel et une à son serpent, il n'en est pas moins décidé à suivre le bon parti jusqu'au feu. Il ajoute : « Exclusivement si je peux », restriction qui n'a rien d'égoïste; ce n'est même pas une restriction, c'est un vœu compatible avec le patriotisme le plus sincère et le dévouement le plus absolu. Il consent que sa maison « s'engouffre avec la chose publique si besoin est ». Une émotion contenue perce dans ce qu'il dit de la France, « pauvre vaisseau que les vents, les flots, le pilote, tirassent à si contraires desseins ». Au fond, dans son prétendu égoïsme et son insouciance affectée, il y a bien moins d'amour de lui-même que de dépit, de mépris, d'indignation.

Ses jugements sur certaines actions suffiraient pour réfuter tout ce qu'il dit de son indifférence.

Les dons merveilleux qui mettent César

si fort au-dessus de tous les personnages qu'on lui a comparés depuis dix-neuf siècles, sont célébrés dans les *Essais* à plusieurs reprises ; il a séduit Montaigne comme il séduira toujours quiconque l'approchera. Mais l'ambition qui le porta à un attentat contre les lois de sa patrie, a fait de lui « un voleur public, un brigand » dont la mémoire est « abominable aux gens de bien ». Montaigne a « attaqué cent querelles » pour la défense de ses meurtriers.

Quelle joie, au contraire, en présence d'un noble sacrifice ! Quels élans, quels accents superbes ! Comme il admire ces morts glorieuses dont Pascal sera si peu touché, ces défaites triomphantes préférables à toutes les victoires ! Écoutez ses trois contes très véritables, « au moins aussi plaisants que tous ceux qu'on forge à plaisir », son récit vraiment épique de la mort du roi de Fez, l'éloge d'Aria, celui de Pauline, les louanges des siècles où la vieille Rome fut libre[1]. Entendez-le s'indigner de voir obscurcir la gloire des belles actions par des interprétations viles : la même peine qu'on prend à les détracter, il la prendrait volontiers « à leur prêter quelque tour d'épaule pour les hausser », et ne trouverait pas mal séant si en leur faveur nous nous laissions transporter par la passion.

Il ne se sent pas de force à atteindre au niveau des héros qu'il révère ; la vie de Régulus est trop haute pour lui. Il convient du moins que le sort de Torius Balbus, mort en bataille, les armes à la main, pour la défense de son pays, est selon sa portée et son désir, et qu'il adviendrait « volontiers par usage à une telle fin ».

A l'endroit où il raconte que son père avait été beaucoup trop absorbé par les tracasseries municipales, il n'admet pas

---

1. Lisez aussi le récit emprunté à Tite Live, ch. 27 du t. II : il ne tient guère au reste du chapitre, Montaigne en convient, mais « un beau trait est toujours de saison ». L'excuse est mauvaise, elle n'est pas d'un homme froid.

qu'on nous ordonne de nous détourner et distraire de nous, d'aimer « trois, quatre, et cinquante degrés de choses avant nous », et finit par déclarer qu' « abandonner le sainement et gaîment vivre pour se sacrifier aux autres » est un parti « mauvais et dénaturé ». Si vous en restez là, Montaigne est un franc égoïste; continuez à lire : « Je ne veux pas qu'on refuse aux charges que l'on prend, l'attention, les pas, les paroles, la sueur et le sang au besoin, *non ipse pro caris amicis aut patria timidus perire* ». Tout ce qu'il prétend, c'est, ainsi que la suite l'explique, qu'il faut rester de sang-froid, éviter le zèle aveugle, « se donner à autrui sans s'ôter à soi ».

Lorsque j'ai dit et redit qu'en lisant Voltaire, il convient de regarder si certains passages ne sont pas tempérés ou corrigés par ce qui vient après, j'ai été un peu raillé. Au risque de l'être de nouveau, je répète : Tournez la page.

J'ajoute: cherchez les dates. Ce n'est pas inutile pour Voltaire; pour Montaigne c'est indispensable.

# CHAPITRE VII

### SCEPTICISME

Le scepticisme qu'il affiche est plus sérieux que son égoïsme. Si l'on a une certaine générosité, on ne saurait devenir vraiment égoïste, tandis qu'on peut, en certains cas, sans être le moins du monde enclin au doute, y tomber et s'y enfoncer.

Montaigne avait eu des convictions aveugles, des excès de zèle ou même de fanatisme. Quand sa fière honnêteté l'eut tiré de la voie mauvaise, reconnaissant qu'il s'était trompé souvent et avait, « non une fois, mais cent, mais mille », embrassé de toute sa croyance des choses que depuis il avait trouvées inexactes, il apprit à se défier des créances téméraires, de sa « touche fausse », de sa « balance inégale et injuste », à reviser ses jugements inconsidérés, à douter. Il s'y appliqua par probité, par besoin de s'affranchir de préjugés tyranniques, par une sorte de revanche contre sa jeunesse trop crédule, de même qu'il s'était exercé à l'égoïsme pour se soustraire à une sensibilité trop vive, mais aussi par divertissement, pour le plaisir d'envisager toute chose sous ses aspects multiples, de remarquer la diversité et la discordance des opinions humaines, la fragilité de démonstrations présentées comme irréfutables, l'effroyable légèreté avec laquelle des gens éclairés adoptent les idées qu'il serait le plus nécessaire de soumettre à un sévère examen.

Il avait pris en aversion le sot dogmatisme « qui ne nous permet pas d'ignorer ce que nous ignorons en effet », « l'arrogance importune et querelleuse qui se fie toute à soi ». Il rechercha en chaque matière le pour et le contre, soutint les antithèses de thèses incontestées et incontestables, et se fit un jeu de les adopter à la façon des anciens sophistes. « Maintes fois, dit-il, comme il m'advient de le faire volontiers, ayant pris pour exercice et pour ébat à maintenir une opinion contraire à la mienne, mon esprit s'appliquant et se tournant de ce côté-là, je m'y attache si bien que je ne trouve plus la raison de mon premier avis et que je m'en dépars ».

Le vieil homme était crédule, le nouveau fut plutôt incrédule. Montaigne eut certainement un accès de scepticisme, très sincère, très violent, préparant à Pascal, avec la joie de voir humilier la raison humaine convaincue d'une infirmité incurable, le regret de ne pouvoir aimer de tout son cœur le ministre d'une si grande vengeance.

Cette crise dura tout juste le temps de goûter l'ivresse du doute sans en éprouver les angoisses. Montaigne n'était pas d'un tempérament à demeurer longtemps pyrrhonien.

C'est ici surtout qu'il mérite le reproche d'avoir présenté comme originel et permanent ce qui ne fut qu'accidentel et passager.

En 1570 il écrivait à M. de Mesmes que c'est une des plus notables folies humaines que d'employer la force de notre entendement à choquer et ruiner certaines opinions reçues, de prétendre ne recevoir et ne loger rien que mille fois balancé au plus subtil de la raison, de s'ébranler l'âme d'une assiette paisible et reposée, pour en somme, après une longue quête, la remplir de doute et d'inquiétude.

Si, contre toute vraisemblance, un petit nombre d'annés après, il ne se souvenait pas qu'il était arrivé au libre examen par un apprentissage très récent, il devait se dire au moins qu'il était sorti du pyrrhonisme, que douter volontiers, souvent et beaucoup, se défier des jugements hâtifs, des formules étroites, des théories ambitieuses, mettre en question les propositions non vérifiées, multiplier les précautions contre l'erreur, ce n'est point du tout être sceptique. Il n'a pu s'y tromper. Ses doutes et sa devise : Que sais-je? ne l'empêchaient pas de croire à beaucoup de choses très fermement, d'une foi pleine et vive, « de toute sa croyance ». Pour en donner des preuves, nous n'avons que l'embarras du choix.

Il connait la « justice en soi, naturelle et universelle, autrement réglée et plus noblement que n'est cette autre justice spéciale, nationale, contrainte au besoin de nos polices »; en accusant celle-ci, que borne une montagne ou un ruisseau, il entend « non pas injurier une noble vertu, mais seulement condamner l'abus et profanation de ce sacré titre ». Il n'est jamais arrivé à cette perfection d'habileté et galantise d'esprit de confondre la raison avec l'injustice et mettre tout ordre et règle en risée. Il oppose aux règles de sa paroisse celles du monde ; aux petites règles feintes, provinciales, partisanes et fantastiques, auxquelles on tient d'autant plus qu'elles sont particulières et incertaines, les lois « universelles, indubitables ». Il veut arracher le masque des choses défigurées par la barbe chenue et les rides de l'usage, « pour les rapporter à la vérité et à la raison ». Il ferme l'oreille à la voix de la foule, mère d'ignorance, d'injustice et d'inconstance, à la confusion de bruits, de rapports et d'opinions vulgaires, aux guides dévoyés qui ne proposent qu'une fin flottante et vagabonde, il va « constamment après la raison [1] ».

Si l'homme est impuissant à discerner le vrai du faux et condamné irrémédiablement au doute, qu'importe qu'il ait des préjugés, qu'il soit asservi à l'empire de la coutume ou

1. Il paraît qu'à l'endroit où il veut qu'entre les divers jugements l'enfant choisisse s'il peut, sinon demeure en doute, il avait ajouté : « Il n'y a que les fols certains et résolus », mais qu'ensuite il a rayé cette addition

que sa croyance soit contournable comme une girouette? Y a-t-il lieu de plaindre et de gourmander ceux qui ne pensent pas par eux-mêmes, qui se traînent sur les traces des autres, et *qui nunquam tutelæ suæ fiunt?* Faut-il attacher tant d'importance à ce que l'enfant « fasse tout passer par l'étamine et ne loge rien en sa tête par autorité? »

Rappellerons-nous ici les paroles généreuses, les discours enthousiastes que nous avons déjà cités? On n'en finirait pas de montrer tout ce qu'il y a dans les *Essais* d'affirmations viriles, de convictions énergiques.

Après avoir dit que la fierté de ceux qui attribuent à l'esprit humain la capacité de toutes choses, avait causé chez d'autres, par dépit et émulation, cette opinion qu'il n'est capable de rien, Montaigne ajoute : « Les uns tiennent en l'ignorance cette même extrémité que les autres tiennent en la science, afin qu'on ne puisse douter que l'homme soit immodéré partout. » Le jour où il écrivit ces lignes, n'était-il pas lui-même revenu des deux extrémités qu'il avait tenues l'une après l'autre ? Ne prononçait-il pas la condamnation non équivoque du pyrrhonisme en même temps que celle du dogmatisme ? Il finit, en effet, par se reconnaître « une capacité naturelle de trier le faux et le vrai » et « des imaginations fermes et générales » qui, par manière de dire, étaient nées avec lui.

Pourquoi donc, au lieu d'exposer ses lecteurs à de fausses interprétations presque inévitables [1], ne pas montrer franchement les trois phases qu'il avait traversées ? Pourquoi ne pas avertir en bonne place, de manière à se faire entendre par tout le monde, qu'après une jeunesse facile à abuser, il avait été atteint d'un scepticisme intense, qu'il s'en était guéri, et que désormais il se trouvait tout à la fois capable de

1. Nous y reviendrons au chapitre IX.

douter et de croire, résolu à ne pas se payer de mots, à ne pas être dupe d'apparences séduisantes ou d'arguments subtils, mais en même temps très ferme dans les opinions mises à l'épreuve et très décidé à les défendre ?

C'est qu'il ne tenait point du tout à ce que cela apparût d'une façon trop nette. Son passé, raconté avec quelque détail, pouvait donner lieu à des réflexions et à des rapprochements qu'il ne se souciait pas de provoquer. Il lui convenait encore moins d'atténuer l'impression produite par ses discours sceptiques ; joints à sa manifestation d'égoïsme et d'indifférence, ils lui donnaient une liberté et lui permettaient des hardiesses qu'un langage trop différent aurait rendues presque impossibles. Sans parler des dangers auxquels une prudence moins grande l'eût exposé, et dont le premier eût été la condamnation de son livre, nous pouvons dire qu'il a cherché à rendre ses opinions plus acceptables, moins choquantes et scandaleuses, eu les produisant comme les fantaisies fugitives d'un esprit flottant, mobile, incertain On ne se raidit guère contre un homme qui n'affirme rien, qui répète à chaque instant qu'il va « trouble et chancelant », qu'il ne propose que des doutes et que l'ignorance est sa maîtresse forme. On ne marchande pas à un sceptique l'indulgence qu'on refuserait à un croyant.

Rabelais, avec son os médullaire, fait travailler les imaginations et excite à chercher dans son livre plus encore qu'il n'y a mis; abusant de la bouffonnerie, il avait à craindre qu'on ne prît *Gargantua* pour « une œuvre simplement plaisante ». C'est le mot de Montaigne et ce fut longtemps celui de Voltaire.

Montaigne, au rebours, ne veut pas convenir que les *Essais* sont très sérieux et de grande conséquence. Sa « bonne foi », admirable en tout le reste, ne se retrouve plus dans ce qu'il dit de ses intentions. Il affirme en 1580, réimprime, sans aucun correctif [1], en 1588, qu'il se propose uniquement une fin domestique et privée. Non, il en a depuis longtemps une autre toute différente, nullement vaine et frivole : à couvert sous une étiquette modeste, sous ses contradictions, sous son manteau d'insouciance égoïste, surtout sous sa balance indécise et sa devise sceptique, il exécute impunément un dessein inavoué.

1. Il ne change, dans l'avis au lecteur, que la date et quelques mots insignifiants.

# CHAPITRE VIII

### LE TROISIÈME DESSEIN

L'action lui semblait le meilleur emploi, le vrai but de l'existence, la principale raison de vivre, sinon la seule. Il avait pu y renoncer à l'heure où il se retirait aux champs dans un accès de découragement passager. Il était incapable d'une abdication définitive et complète.

Jamais, sans doute, il n'a imaginé qu'en écrivant il agissait d'une manière bien autrement efficace que la plupart des hommes d'État et des capitaines dont il admirait les talents et enviait le rôle ; il n'a pas prévu qu'un jour viendrait où les batailles et la diplomatie de son temps n'intéresseraient qu'un public de plus en plus restreint, tandis que son livre aurait un nombre toujours croissant de lecteurs [1]. Mais il comprit qu'à défaut du genre d'action qu'il préférait, il lui était permis, du fond de sa solitude, d'en exercer une autre très sérieuse et très digne de lui.

Il avait écrit d'abord pour se distraire de cogitations importunes, puis pour se rendre compte de lui-même ; il voulut enfin être utile, éclaircir et rendre plus ferme le jugement de ceux-là même à qui il disait qu'il n'avait aucune considération de leur service, libérer et fortifier les âmes liées et contraintes, tellement assujetties aux cordes qu'elles semblaient incapables d'une allure franche [2]. Désormais il ne se peindra plus

---

1. Il loge les *Essais* « fort inconstamment et douteusement, tantôt bas, tantôt haut ». Mais lors même qu'il les loge haut, il ne paraît pas soupçonner la fortune qu'ils ont eue. S'il l'avait pressentie, n'aurait-il écrit que « quand une très lâche oisiveté » le pressait ?

2. La préoccupation d'être utile est marquée explicitement en bien des places : « Ce qui me sert à moi peut aussi servir à un autre... S'il me messied à moi, comme je crois, n'importe, il peut être utile à quelqu'autre ». Ce souci grandit avec les années : comparez l'édition de 1580 à celle de 1588 ; voyez principalement le début du chap. 8 du

pour le plaisir de se peindre ; il profitera au public par la peinture de ses travers et se fera éviter. Il dira ses humeurs et ses fantaisies moins pour les confesser que pour critiquer celles des autres. En signalant les imperfections qu'il trouve en lui, il espère que « quelqu'un apprendra à les craindre », que l'excès de sa licence émancipera ceux qu'elle choquera ; il souhaite qu'aux dépens de son immodération ils soient « attirés jusqu'au point de la raison » ; il enseigne, donne des conseils, des préceptes, inflige des corrections [1], fait entendre aux gens les vérités qui leur sont désagréables, bat « leurs oreilles des mots qui leur sont fort à contre-cœur », met les vanités humaines « en chemise » et « les foule aux pieds ». Que de fois, étant marri de quelque chose qu'il ne pou-

---

livre III. — C'est peut-être une des raisons pour lesquelles il ne s'est pas peint d'une façon complète ; pressé d'agir, il songea moins à achever son image qu'à donner des leçons et tourna en enseignement un livre qui ne devait être qu'un portrait.

1. « Je veux vous apprendre... Je vous conseille... Conduisez-vous... On ne corrige pas celui qu'on pend, on corrige les autres par lui, je fais de même ».

vait reprendre à découvert, il s'en est, dans son livre, « dégorgé non sans dessein de publique instruction »! Son humeur militante, apaisée ou contenue un instant, s'est réveillée ; il ne saurait, avec Philinthe, prendre tout doucement les hommes comme ils sont, ni s'accoutumer à souffrir ce qu'ils font. Il a des antipathies, des mépris, des blâmes, des indignations à exhaler. Il prêche, réprimande, accuse, condamne ; il fait avec la plume la guerre qu'il ne peut faire avec l'épée.

Ici encore éclate le contraste entre le vieil homme et le nouveau : l'âge, la retraite, l'étude, ont apporté le sangfroid et l'indulgente aptitude à tout comprendre ; la vivacité des sentiments, l'impétuosité et la fougue premières persistent pourtant et s'épanchent en termes qui vont souvent jusqu'à une extrême violence.

Chef-d'œuvre de polémique dont il n'existe probablement pas d'autre modèle : il a su tout à la fois ne perdre aucun des avantages attachés à la parfaite modération, et se permettre les censures les plus amères, les invectives les plus virulentes. Assurément, lorsqu'on a fréquenté un peu ses contemporains, on ne le trouve pas trop sévère pour eux, mais s'il n'est pas injuste, il n'est pas indulgent non plus. Il prétend préférer l'humeur de Démocrite à celle d'Héraclite « non parce qu'il est plus plaisant de rire, mais parce qu'elle est plus dédaigneuse et condamne plus que l'autre.... Les choses de quoi on se moque, on les estime sans prix ». Cependant, il se fâche au moins aussi souvent qu'il rit ; il est content de fustiger, de penser que « les verges s'impriment encore mieux en papier qu'en la chair vive [1] ». Il ne compte pas beaucoup sur elles pour réformer ceux à qui il les administre, mais ils seront châtiés, il aura protesté contre leur

---

1. Ailleurs il dit : « Il faut fouetter ceux-ci... ». Et encore : « Ils veulent être fouettés ».

« bassesse d'âme », leur « ânerie insupportable », leur « bestiale stupidité », il aura pleinement manifesté son dégoût et sa réprobation.

Après avoir lu Guichardin, qui, « de tant d'âmes et effets qu'il juge, de tant de mouvements et conseils, n'en rapporte pas un à la vertu », il se demande s'il n'y a pas là quelque exagération ; mais lui-même n'a pas trouvé les gens de son époque moins vils ni moins repoussants. Il n'en connaît pas qui soient dignes d'une véritable admiration ; il y a bien un La Noue qui garde bonté et douceur de mœurs et franchise, mais il est à peu près seul de son espèce, les autres, tous bien médiocres, ne sont pas, même les meilleurs, exempts de déguisement et de mensonge [1]. Les mœurs sont si merveilleuse-

1. Montaigne a un mot de regret pour le « gentil monsieur de Pibrac ». Plusieurs commentateurs ont fait remarquer que ce gentil monsieur était auteur d'une apologie de la Saint-Barthélemy. Que l'on prenne la peine qu'ils auraient dû prendre ; que l'on recherche l'écrit de Pibrac. Il est curieux et je regrette de n'avoir pas la place de l'analyser ici. En l'examinant, on verra s'il justifie l'ironie des commentateurs et si c'est là une apologie de la Saint-Barthélemy.

ment corrompues, ce siècle est tellement dépravé, qu'on est estimé vertueux à bon marché et que « qui n'est parricide et sacrilège est réputé homme de bien et d'honneur ». Les exemples d'inhumanité et de déloyauté qui « témoignent de tant de lâcheté et de faiblesse de cœur », ne sont pas rares, on n'en compte pas « trois ou cent ; l'usage en est commun et reçu à un point qui ne se peut concevoir sans horreur ».

Parfois, il renonce à guérir les gens de leur attachement aveugle pour des opinions absurdes, malsaines, et se borne à les railler ; ils n'ont, après tout, rien de mieux à faire que de garder leurs préjugés, étant incapables d'un jugement meilleur : « La vue grossière de ce siècle si faible ne saurait arriver jusqu'à la vérité » ; ils ne sont dressés qu'à l'emprunt, le mal n'est pas grand, car ils ne sauraient choisir pirement que par eux-mêmes. Plus souvent, au contraire, il entreprend de les convertir, il leur fait honte de la servilité avec laquelle ils adoptent des opinions toutes faites, de la lâcheté qui les enchaîne aux vieilles routines et les tient rampants dans l'ornière. Il ne se lasse pas de leur répéter : Ne logez rien en votre tête par simple autorité et à crédit, apprenez à penser librement, à ne pas vous traîner sur les traces d'autrui ; secouez hardiment et vivement les fondements ridicules sur quoi les fausses opinions se bâtissent. Même quand il s'agit de décisions de son père chéri, il ne veut pas que comme les grues, on suive toujours ceux qui vont devant ; il s'insurge contre les ordonnances impérieuses et déraisonnables, le furieux et tyrannique visage de la coutume que nous n'avons pas seulement la liberté de regarder en face.

Les sujets sur lesquels sa polémique s'est exercée, sont innombrables. Nous avons vu comment il traitait les fauteurs de guerre civile, quels reproches il adressait à tous les partis qui entretenaient « ces luttes monstrueuses, de nature si maligne et ruineuse », et avec quelle véhémence il protestait contre les abominations dont ils étaient tous souillés. Nous verrons plus loin sa lutte contre le dogmatisme, la superstition et le pédantisme. Voici quelques-unes de ses autres batailles les plus mémorables.

Il s'attaque à la justice « vrai témoignage de l'humaine imbécillité », à la vénalité des charges, aux jugements payés à deniers comptants, aux « viles et ordes pratiques » qui forcent à sacrifier les droits les moins contestables, à l'instabilité des lois, à leur barbarie, à l'emploi de la torture, moyen plein d'incertitude et de danger, qui arrache des aveux d'où il advient que celui que le juge a géhenné pour ne le faire mourir innocent, il le fait mourir innocent et géhenné ; [1] aux condamnations plus cri-

---

1. Et encore : « Etes-vous pas injustes, qui, pour ne tuer sans

minelles que le crime, aux magistrats qui, instruits de l'erreur qu'ils viennent de commettre en prononçant une sentence capitale, n'en font pas moins procéder à l'exécution et pendre irréparablement de pauvres diables par amour des formes.

Il s'attaque aux modes adoptées et quittées avec une inconstance et une légereté incroyables, aux lois somptuaires, aux introductions nouvelles et vicieuses dans les manières et l'attitude de la noblesse, qui oublie la forme de ses pères et la particulière liberté de sa condition. Il ne comprend pas que des gentilshommes se montrent, en lieu de respect, sans épée et débraillés comme s'ils venaient de la garde-robe ni qu'ils se conforment à l'usage tout récent de se tenir découverts bien loin au tour des princes. Il critique leur façon vicieuse de ne

---

occasion, faites pire que de tuer ? » D'abord, tout en blâmant énergiquement la torture, il avait dit que c'était le mieux que l'humaine faiblesse ait pu inventer ; plus tard il a mis « le moins mal, dit-on », et ajouté un long développement qui commence ainsi : « Bien inhumainement et bien inutilement ».

prendre les armes que sur le point d'une extrême nécessité et de s'en décharger au plus vite. Il dénonce les vols qu'ils commettent communément. Il trouve une sorte de lâcheté à étudier, ainsi qu'ils le font, l'escrime que l'on regardait jadis comme un métier de subtilité dérogeant à la vraie et naïve vertu ; il déplore leur vilenie qui a introduit l'usage de s'accompagner de seconds, tiers et quarts, dans les combats singuliers, qui étaient anciennement des duels et sont devenus des batailles.

Il n'est pas plus indulgent pour « la canaille de vulgaire ». « La commune est bête, la tourbe est mère d'ignorance et d'injustice, sa voix est une confusion venteuse de bruits méprisables, ses instincts féroces lui font trouver plaisir à s'ensanglanter jusqu'aux coudes et à déchiqueter un cadavre comme les chiens couards ».

Il s'attaque aux conquérants de l'Amérique, qui abusent de l'ignorance et inexpérience des indigènes pour les plier vers la trahison, la luxure, l'avarice et toutes sortes d'inhumanité ; il s'indigne de « tant de villes rasées, tant de nations exterminées, la plus riche et la plus belle partie du monde bouleversée et toutes les horribles hostilités commises pour de misérables intérêts ».

Il s'attaque aux auteurs qui font des livres sur des livres, qui s'amusent à éclaircir ce qui n'a pas besoin d'éclaircissement, et négligent ce qui en aurait besoin ; aux sophistes et aux rhéteurs qui, loin de montrer la vérité, l'obscurcissent, la dissipent et la rompent par les commentaires entassés sur des commentaires dont le centième est plus épineux que le premier, si bien qu'il y a plus à faire à interpréter les interprétations qu'à interpréter les choses elles-mêmes.

Il s'attaque aux gens qui « se jouent de leurs testaments pour gratifier ou châtier chaque action de leurs héritiers » ; aux pères de famille, rigoureux ou avares, qui, attérés d'années et de maux, ne veulent pas se dessaisir des biens dont ils pourraient aisément se passer, en jouissent seuls à leurs foyers, et les détiennent par malice et envie, au lieu d'en étrenner ceux à qui ils doivent revenir par ordonnance naturelle ; d'où il résulte que tant de jeunes gens de bonne famille, cherchant « quelque voie à pourvoir à leur besoin », s'adonnent au larcin et sont « convaincus d'horribles voleries »[1].

Il s'attaque aux parents qui usent de corrections violentes. Il réprouve particulièrement ceux qui emploient les verges, et, dans l'indignation que lui cause leur dureté, il approuve les législateurs qui, comme Lycurgue, enlèvent les enfants à la famille pour les confier au Gouvernement.

Il s'attaque aux hommes qui dans les entretiens ordinaires des assemblées et des tables, se vantent des faveurs secrètes des

---

[1]. Voir un peu après le début du chapitre 8 du livre II, quelques échantillons des exploits vraiment bien étranges commis par les gentilshommes que Montaigne connaissait.

dames : « Vraiment c'est trop d'abjection et de bassesse de cœur ! » Il s'irrite de la merveilleuse corruption et de la trahison commune et ordinaire en amour.

Il s'attaque aux femmes, insistant sur leur légèreté, leur inconstance, leur pédantisme, leur affectation à pleurer des maris qu'elles n'aiment que morts, leur contenance, leur port, leur teint et l'embonpoint de leurs joues sous leurs grands voiles de deuil [1].

Il s'attaque à « l'ineptie de notre institution », sujet sur lequel il « retombe volontiers » ; il trouve mauvais que l'on enseigne les définitions, divisions et partitions de la vertu, sans avoir aucun souci de dresser entre elle et nous quelque pratique de familiarité et privée accointance, sans changer en rien notre jugement ni nos mœurs.

---

1. Il paraît pourtant n'avoir pas eu à se plaindre d'elles. La sienne, autant que nous pouvons en juger, ne lui a donné que des motifs de satisfaction. Plusieurs des chapitres les plus importants des *Essais* sont adressés à des dames et indiquent d'excellents rapports avec elles. Serait-ce pour avoir été trop bien avec les femmes, qu'il leur est si sévère ?

Il s'attaque à la cérémonie qui défend d'exprimer par paroles les choses licites et naturelles ; à ces lois d'honneur qui vont si souvent choquant et troublant celles de la raison ; à la vanité et à l'ostentation qui recherchent la montre et la pompe à tout prix.

Il s'attaque à l'ivrognerie ; sa complexion et son goût l'empêchent d'avoir pour elle l'indulgence « qu'elle mérite peut-être ». C'est sans doute un vice moins malicieux et dommageable que les autres qui, presque tous, choquent beaucoup plus directement la société ; mais il est lâche et stupide, particulièrement grossier et brutal, tout corporel et terrestre, n'ayant pas, comme quelques autres « je ne sais quoi de généreux ». C'est celui qui coûte le moins à la conscience ; mais Montaigne ne peut comprendre qu'on allonge le plaisir de boire outre sa soif, en se forgeant un appétit artificiel et contre nature.

Il s'attaque à la médecine avec un acharnement extraordinaire. A la fin de son deuxième livre, il a contre elle plus de quarante pages ; au dernier chapitre du troisième, il revient à la charge, reprochant aux médecins non seulement « les horribles conclusions » qu'il s'est plu maintes fois à leur faire rendre en leur tendant des pièges, mais encore « leurs trognes magistrales ». Dans ces invectives, il y a bien des choses vraies et bonnes à répéter aujourd'hui, mais aussi excès d'ironie et de malveillance. Montaigne avoue qu'il « plaide cette cause avec haine et mépris » ; il a une « antipathie héréditaire pour cet art fantastique et surnaturel dont les singeries ont un air d'enchantement magique ». Il avait dit que « ce qui s'y voit en pratique, il y a grand danger que ce soit pure imposture » ; ayant rencontré des médecins consciencieux et honnêtes et s'étant aperçu sans doute qu'une imputation si générale était à corriger, il la remplaça par ceci qui vaut ne guère mieux : « En la médecine j'honore la promesse, le nom, mais ce qu'il désigne je ne l'honore ni ne l'estime. Les médecins ne se contentent pas d'avoir la maladie en gouvernement, ils rendent la santé malade pour garder qu'on ne puisse en aucune saison échapper à leur autorité. Ils ont cet heur que le soleil éclaire leur succès et que la terre cache leur faute. Ils ont raison de se vanter de leur pouvoir, puisqu'ils peuvent impunément tuer tant de gens. » Il ne leur donne pas grand blâme de faire leur profit de notre sottise, « car la plupart du monde fait ainsi, et des vacations plus dignes que la leur, n'ont de fondement qu'aux abus publics »; seulement, ils devraient tenir leurs consultations plus secrètes : « leur irrésolution, la faiblesse de leurs arguments, l'âpreté de leurs contestations pleines de haine, de jalousie et de considérations particulières, venant à être découvertes, il faut être merveilleusement aveugle si on ne se sent bien hasardé entre leurs mains. »

Enfin, le troisième dessein est évident quand Montaigne trace un plan d'éducation ou quand il exalte les Caraïbes et les armées turques. Les louanges données aux Indiens sont une manière de faire la leçon aux Européens, de dire son aversion pour les vices et les forfaits des peuples civilisés. Son panégyrique couvre une satire. Comptez les pages : vous trouverez que si les *Essais* sont un portrait, ils sont aussi, et plus encore, une machine de guerre. Le chapitre, non le meilleur, mais le plus curieux et le plus célèbre, qui occupait d'abord presque le quart du livre et qui aujourd'hui en remplit encore un sixième, est un chapitre de polémique.

# CHAPITRE IX

### POLÉMIQUE A OUTRANCE

Au temps où la Réforme commençait à se répandre, prévoyant qu'elle pourrait conduire certains esprits jusqu'à l'athéisme, attendu que quand on a mis en doute quelques articles de la religion, on rejette aisément en pareille incertitude les autres pièces de la créance qui n'avaient pas plus d'autorité et de fondement, un savant homme donna à Pierre Eyquem, comme très utile et propre à la saison, le livre dans lequel un théologien espagnol, Raymond Sebond, avait entrepris d'établir « par raisons humaines », contre les athées, tous les articles de la foi chrétienne.

Montaigne, chargé par son père de traduire cet ouvrage, ne paraît pas avoir été, en aucune façon, choqué des choses étranges et insupportables qui y abondent [1]. Il l'avait approuvé sans réserves; que ce fut ou non une quintescence de saint Thomas, comme il était tenté de le croire[2], il jugeait impossible de faire mieux et ne savait personne qui eût fait aussi bien. Il connaissait « un homme d'autorité, nourri aux lettres », qui avait été ramené des horreurs de la mécréance par les raisonnements de Sebond. Aussi recommandait-il souvent ce livre, surtout pour le service des dames, qu'il secourait volontiers en leur fournissant des arguments propres à fortifier ceux de l'auteur. Une d'elles, si haut placée que son

---

1. Voir par exemple les raisons pour lesquelles l'âme n'est ni visible, ni ouïble, ni flairable, ni touchable, ni chaude, ni froide ; ou la description de la « très artificielle échelle par les marches de laquelle on monte des choses inférieures aux suprêmes ». — Que Montaigne n'ait pas été rebuté par tout ce qu'il lui fallut traduire, et qu'après avoir obéi à son père, il ait continué à propager cet ouvrage, c'est un symptôme, bon à retenir, de l'état mental dans lequel il était encore à cette époque.

2. Il avait lu saint Thomas; voir le début du chapitre de la modération.

moindre désir imposait comme un ordre, lui demanda d'écrire l'apologie qu'il avait essayée de vive voix en sa présence.

S'il n'avait été question que de défendre Sebond, la tâche ne lui aurait pas beaucoup agréé ; mais attaquer les contradicteurs de Sebond, « combattre ceux qui sont précipités aux épouvantables et horribles ténèbres de l'irreligion », quel magnifique sujet de controverse ! Il ne s'attarda guère à soutenir que les raisons du théologien espagnol étaient bonnes, il se proposa d'établir que celles de ses adversaires étaient mauvaises.

En commençant, il ne paraît pas prendre son sujet très au sérieux. On voit bien qu'il tient la plume surtout pour complaire à la dame qui réclame ce travail ou pour se divertir en bataillant ; sa conviction n'est pas douteuse, elle est même très ferme, cependant elle ne le rend pas assez grave ; il entasse des arguments tellement puérils que cette apologie, de même que d'autres chapitres moins importants, ressemble par moments à l'exercice d'un rhéteur plutôt qu'à une œuvre consciencieuse.

Il revendique d'abord pour la philosophie le droit de servir d'auxiliaire à la religion, et représente que l'on a tort de trouver mauvais l'effort par lequel Sebond apporte à la doctrine chrétienne des secours profanes : « il faut accompagner notre foi de toute la raison qui est en nous ». Mais il insiste peu ; après une réponse très brève aux théologiens qui se défient des facultés humaines, il arrive aux impies qui s'en servent avec trop d'audace : pour les réduire au silence, il imagine que le meilleur moyen est de rabaisser cette raison dont ils abusent, et non content de montrer comme quoi elle est sujette à défaillir, il s'amuse à soutenir qu'elle ne mérite aucune confiance, qu'elle est égalée ou même dépassée par l'instinct des animaux, qu'il faut nous abêtir pour nous assagir, nous éblouir pour nous guider.

A l'appui de ce paradoxe, il a des discours pitoyables, d'une incroyable maladresse. Il dit que faire de la lune une terre céleste et y songer des montagnes, sont des rêves de l'humaine vanité. Il met les thons au-dessus des géomètres. Il parle des prédictions que les anciens tiraient du vol des oiseaux comme s'il en admettait la certitude, comme s'il n'avait jamais ouvert le *de divinatione* et s'écrie : « Qu'avons-nous de pareil et de si admirable? Cette règle, cet ordre de branler leur aile par lequel on tire des conséquences des choses à venir, il faut bien qu'il soit conduit par quelque excellent ressort à une si noble opération. » Les pires sottises qu'il relève chez les philosophes et qu'il dit filles de l'orgueil, ne sont pas pires que celles qu'il débite en argumentant contre eux. On dirait que pour mieux prouver l'infirmité de la raison, il s'ingénie à déraisonner aussi complètement que possible.

En avançant il devient plus sérieux. Bien

qu'il se permette encore quelques fantaisies fâcheuses, qu'il ait recours à des sophismes bizarres [1], qu'il enregistre et adopte les plus grossières absurdités de Pline et d'autres auteurs également dénués de critique, qu'il conteste au contraire des choses qui ne méritaient pas ses railleries, et qu'il s'attarde à des jeux dignes des plus désagréables pages de Rabelais, l'attaque, commencée sur un ton presque léger, en prend peu à peu un tout autre, pressant, vif, acerbe : l'apologie de Sebond dégénère en apologie du pyrrhonisme. Emporté par la discussion, par l'habitude de pousser à l'extrême, peut-être par le plaisir d'envisager les choses d'un point de vue qui lui est nouveau, peut-être aussi par le besoin de réagir contre la crédulité dont il se ressent encore, il met

---

1. Comme preuve des fautes et tromperies des sens, il ose, après avoir émis des assertions manifestement inexactes, faire entrer en compte l'émotion causée par les tambours sur un cœur mol, celle causée par une musique douce sur un cœur dur, celle causée par le culte catholique sur les âmes revêches. Il est de l'avis des gens « habiles et avisés » selon lesquels il n'y a aucun fondement pour assurer que la neige est blanche plutôt que noire.

tout en question et s'enfonce dans un scepticisme qui grandit indéfiniment. Il voulait montrer le danger « de secouer les impressions religieuses reçues par révérence de l'ancien usage, pour ne recevoir rien à quoi on n'ait interposé son décret et particulier consentement »; il fit ce qu'il trouvait si dangereux : sous prétexte de confondre les impies, il secoua ces mêmes impressions et jeta indiscrètement en incertitude toutes les pièces de notre créance les unes après les autres [1]. Maniant le scepticisme pour les besoins de sa cause, il se l'appropria et, de cette arme prise contre ses adversaires, se blessa lui-même grièvement.

Il en vint à dire qu'il n'est rien en l'humaine invention où il y ait autant de vérisimilitude que dans le pyrrhonisme; que rien ne paraît vrai qui ne puisse tout aussi

---

1. Le passage cité plus haut, dans lequel il dit que, maintefois s'étant fait un amusement de maintenir une opinion opposée à la sienne, il s'était converti à la cause qu'il plaidait par exercice, est une addition au texte primitif de l'apologie; en l'y introduisant, pensait-il à la tournure imprévue que ce chapitre avait prise?

bien paraître faux ; que les notions regardées comme le moins contestables sont complètement dénuées de valeur réelle ; que nous sommes condamnés à une incurable incertitude en quelque matière que ce soit ; que « toute persuasion de la certitude » est un symptôme infaillible de folie. Il n'admet pas qu'on lui dise : ceci est vrai puisque vous le voyez, vous le sentez : il faut qu'on lui dise s'il sent en effet ce qu'il pense sentir, et, dans le cas où on réussirait à le dire, qu'on lui explique « comment et pourquoi ».

Du moment que l'homme, livré à ses propres ressources, n'est capable d'aucune vérité, la tentative de Sebond se trouve nécessairement inepte et vaine. Montaigne s'aperçoit qu'en réfutant « les nouveaux docteurs », il a, du même coup, réfuté le client qu'il est censé défendre. Il constate les conséquences inopinées et funestes de son argumentation et conseille d'en chercher une moins périlleuse, de maintenir plutôt Sebond « par la forme ordinaire ». Le remède dont il vient d'user est un de ceux qui ne doivent être employés qu'en cas extrême et désespéré, comme un de ces tours d'escrime auxquels on abandonne ses armes pour désarmer l'adversaire, un de ces coups secrets et périlleux dont il faut se servir le moins possible : « C'est grande témérité de se perdre pour perdre un autre... Il ne fait mie bon être si subtil. » Restons dans la route commune, au lieu de jeter notre vol à cette liberté qui pourrait bien devenir aussi dangereuse que la peste qui commence à se répandre dans les cours, c'est-à-dire, l'athéisme qu'on se propose de combattre [1].

Va-t-il donc, comme il serait logique, naturel de le faire après cette déclaration, quitter une voie « si extravagante » et reprendre par la voie ordinaire qu'il préco-

---

1. Et encore : « Il ne faut pas vouloir mourir pour se venger.. Il est des armes et conditions de combat si désespérées, qu'il est hors de créance que ni l'un ni l'autre se puisse sauver. »

nise, l'apologie tour à tour par lui promise et compromise? Nullement, il laisse cette besogne à d'autres, à son disciple Charron. Prend-il au moins le parti de s'arrêter? Une pure, entière et parfaite suspension de jugement est la conséquence fatale du pur, entier et parfait pyrrhonisme qu'il expose. Parvenu au scepticisme complet, il ne lui reste plus qu'à se taire. Il n'y songe pas un instant. Il est trop épris, trop enivré de sa polémique pour la discontinuer.

Il ne s'occupe ni de Sebond, ni du danger d'aller plus avant. Poursuivant sa course téméraire, il s'en prend à Aristote, aux scolastiques, aux mathématiciens, aux médecins, aux dialecticiens qui mettent des bornes à la puissance de Dieu, aux gens qui ne veulent rien recevoir par autorité, aussi bien qu'à ceux qui « plaident de l'usage des choses, non de leur aloi », aux savants qui disent connaître la forme de la terre ou les particularités de l'hyperbole, aussi bien qu'aux partisans de l'immortalité de l'âme, de la magie ou de la pierre philosophale ; bref, il guerroie contre tout le monde et contre lui-même [1]; parfois on ne discerne plus à qui il en veut : au plus fort de son pyrrhonisme, il s'avise que la pluralité des mondes n'est pas une opinion moins probable qu'une autre, et il plaide pour elle, contre qui ? Sans doute contre ceux qui ne l'admettent pas ; mais « les nouveaux docteurs » contre lesquels ce passage paraît dirigé, étaient-ils hostiles à la pluralité des mondes ?

Cependant, Montaigne cesse peu à peu d'être le sceptique à outrance qu'il a été quelque temps : il conteste tout, met tout en doute, aime mieux « demeurer en suspens que s'infrusquer en tant d'erreurs que l'humaine fantaisie a produites », mais sa

---

[1]. Il conteste dans l'apologie des propositions dont il ne paraît s'être jamais départi sérieusement ; par exemple, il raille les philosophes qui ont prêché à chacun le respect des lois de son pays. Ou bien il conteste que nous puissions tirer de nous-mêmes le règlement de nos mœurs.

balance n'est point l'emblème du doute illimité, indéfini, c'est l'emblème du doute méthodique, et sa devise : que sais-je ? implique si peu une adhésion au pyrrhonisme, qu'il l'accompagne de l'objection à laquelle les pyrrhoniens n'ont pas de réponse : « Quand ils disent le doute, on les tient immédiatement à la gorge pour leur faire avouer qu'au moins savent-ils cela, qu'ils doutent. » Il continue à railler la raison humaine, mais raison humaine ne signifie ici que raisonnement creux et déraison de l'école. Sa balance lui sert à peser les propositions présomptueuses et à discerner celles qui valent mieux que les autres : « la raison fait la différence ». Il oppose « l'évidence des effets » aux arguments par lesquels on essaie de ruiner ces effets. Un homme « faisant profession de réformations physiques », affirmait que les anciens méconnaissaient les véritables mouvements des vents. Comment donc, dit Montaigne, ceux qui naviguaient allaient-ils en Occident, quand ils tiraient en Levant? — C'est la fortune, répondit le réformateur; tant il y a qu'ils se mécomptaient. Montaigne répliqua qu'il aimait mieux « suivre les effets que la raison ». Il y a ici évidemment abus de mots. De même, à propos de la justice : en la dénigrant il pense à celle que borne une rivière ou une montagne, la vraie justice n'est pas en cause. S'il nie qu'il existe pour l'homme des lois prescrites par la nature, il ne persiste pas dans sa négation : dès la première édition de son livre, il avait loué les peuples où, comme chez les cannibales, ces lois ne sont pas altérées par Aristote et la physique; plus tard, il ajoute : Il est croyable qu'il y a des lois naturelles, comme il se voit aux autres créatures, mais en nous elles sont perdues.

Est-elle d'un sceptique, la superbe réponse aux philosophes païens assez ridicules pour croire que l'homme est le but où vise l'universalité des choses, et que le branle de la voûte céleste, la lumière éternelle des flambeaux roulant si fièrement sur nos têtes, sont établis et se continuent depuis tant de siècles pour notre service?[1]

A un début orthodoxe il avait attaché une profession de scepticisme absolu; à cette profession il joint des remarques ou des réflexions qui l'infirment, la démentent d'une façon plus ou moins catégorique.

De cette mêlée confuse, où par moments on ne voit plus clair, une seule chose se dégage nettement : la condamnation de l'entreprise qu'il s'agissait de soutenir. A moins de remonter jusqu'au légendaire Balaam, on ne découvrirait nulle part rien de tel; qui a jamais, avant ou après Montaigne, terminé une thèse par une conclusion opposée à cette thèse? Tout autre que lui

---

[1]. L'opinion qu'il réfute en termes si magnifiques, est exprimée dans sa traduction de Sebond en ces termes : « Or sus, homme, considère comme le soin et sollicitude de nature ne vise qu'à ton profit, comme elle a asservi tous ses desseins et tous ses effets à ton seul besoin... Ce branle du soleil ne regarde qu'à ta nécessité... »

aurait, sans hésiter, supprimé un début ainsi réfuté par ce qui le suit. Il a pu le maintenir d'autant plus facilement que son habitude était de ne rien effacer : « Je ne corrige point mes premières imaginations par les secondes » dit-il [1]. La contradiction de l'apologie n'est ni plus complète, ni plus manifeste, ni plus extraordinaire que tant d'autres qu'il s'est permises ailleurs, en particulier sur les manières d'envisager la mort. Renonçant à insérer dans les *Essais* le discours de La Boétie, il a conservé néanmoins les lignes par lesquelles il l'avait annoncé. Il n'est pas plus surprenant que les premières pages de l'*Apologie* aient subsisté bien qu'elle n'eussent plus de raison d'être. Outre que telle était sa marche coutumière, et qu'il allait toujours sans ombre de plan, enfilant au hasard des pièces incohérentes avec une aisance imperturbable, il

---

[1]. Ceci dès la première édition ; plus tard il a précisé et ajouté : « Oui à l'aventure quelque mot pour diversifier non pour ôter ». En effet, il n'a presque jamais rien effacé.

avait intérêt évident à se présenter en principe comme un partisan de Sebond avant de se tourner contre lui, à affirmer que la religion est raisonnable avant de constater qu'elle ne l'est pas : la conclusion qui, isolée, n'eût peut-être pas été tolérée, devenait bien moins compromettante, avait même des chances d'échapper à la censure, grâce au début écrit dans un esprit tout différent et propre à justifier le titre du chapitre ; le commencement excusait la fin dans une certaine mesure, et l'impossibilité de concilier l'un avec l'autre ôtait incontestablement de la gravité au chapitre tout entier.

Ainsi s'explique, d'une façon aussi simple que plausible, un problème qui reste inextricable tant qu'on s'obstine à le résoudre en ne consultant que le texte de l'Apologie. Si nous ignorions que Montaigne n'était plus en 1580 ce qu'il était dix ans auparavant et comment il procédait dans son travail, nous serions réduits à des hypothèses et très contestables et très insuffisantes. Dès que nous sommes avertis de sa conversion, et d'autre part instruits de sa méthode illogique ou plutôt de son défaut de méthode, la difficulté disparaît.

Avant de terminer ce chapitre bizarre, Montaigne essaie d'en atténuer la portée. Il vient d'écarter assez dédaigneusement la théologie naturelle[1] ; il croit devoir accorder que les mystères de la religion, inaccessibles par les voies humaines, peuvent être révélés par une grâce surnaturelle. Déjà, un peu plus haut, il avait dit que le scepticisme nous rend d'autant plus aptes à loger en nous la science divine, qu'il anéantit notre jugement et nous dégarnit d'humaine science pour faire place à la foi. Seulement, cette concession est accompagnée d'une petite remarque qui l'annule d'une façon com-

---

[1]. Cela se trouve aussi implicitement, au chapitre 56 du livre 1 où il cite et approuve Saint-Chrysostôme qui bannit la philosophie comme servante inutile et indigne. Mais la première édition n'avait pas cette citation.

plète : « L'homme ne peut voir que de ses yeux ni saisir que de ses prises. » Une fois notre jugement anéanti, comment distinguer la science divine de la science humaine? Tout le mal qu'il y a lieu de dire de notre pauvre raison ne fera pas que nous puissions nous passer d'elle. Les voix qui disent l'infirmité des facultés humaines, sont elles-mêmes produites par des facultés humaines, perçues par des facultés humaines, et par conséquent sujettes elles-mêmes à cette infirmité qu'elles dénoncent, « partant infiables et incroyables ». « Quoi qu'on nous prêche, quoi que nous apprenions, il faudrait toujours se souvenir que c'est l'homme qui donne et l'homme qui reçoit, c'est une mortelle main qui nous le présente, c'est une mortelle main qui l'accepte. » A moins que les choses célestes ne nous soient immédiatement révélées par une opération surnaturelle, elles auraient beau venir en effet du ciel, elles ne nous arriveraient qu'en passant par la bouche des hommes ; présentées par des outils humains à des outils humains qui tous se démentent et trompent, elles n'ont aucun droit à plus de confiance que les plus grossières illusions des sens. Un païen a dit : O la vile chose que l'homme, s'il ne s'élève au-dessus de l'humanité ! C'est là un bon mot et un utile désir, mais pareillement absurde [1] ; car, « faire la poignée plus grande que le poing, cela est impossible et monstrueux » et ne saurait être donné à l'homme que par un miracle.

Au terme de cette polémique effrénée, que reste-t-il des créances religieuses qui en avaient fourni l'occasion ? Nous n'hésiterions guère à répondre qu'elles sont non seulement altérées, mais évanouies, si Montaigne, à la dernière ligne, ne déclarait que « notre foi chrétienne » peut attendre d'un secours

---

1. Montaigne a modifié ici le texte primitif. Il avait approuvé le mot de Sénèque, en ajoutant seulement que l'homme ne peut s'élever au-dessus de lui-même que par miracle ; plus tard il a intercalé que l'idée de Sénèque est absurde et qu'il est impossible et monstrueux d'espérer rien de pareil.

divin quelque « miraculeuse métamorphose ». Il achève par là d'embrouiller cette fin tellement qu'il serait téméraire de prétendre y démêler son sentiment définitif en matière religieuse. Cherchons ailleurs [1].

---

[1]. Chateaubriand, dans la défense de son livre, écrit à peu près dans les mêmes vues, que celui de Sebond, cite à bon droit ce que Montaigne dit dans l'apologie contre ceux qui avancent que les chrétiens ont tort d'appuyer leurs créances par des raisons humaines.

# CHAPITRE X

**RELIGION**

Montaigne resta, jusqu'à sa dernière heure, fidèle au culte catholique, observant rigoureusement toutes les pratiques religieuses dans lesquelles il avait été élevé, faisant conscience de manger de la viande le jour du poisson, gardant le signe de la croix en continuel usage, trouvant mauvais qu'on le fit plus de trois fois au *benedicite* et aux *grâces*, mais le faisant lui-même à tout propos, même en bâillant. Ses convictions intimes furent-elles toujours en harmonie parfaite avec cette dévotion extérieure?

Au début des *Essais* et encore un peu

plus tard lorsqu'il commença l'*Apologie* de Sebond, les créances de sa jeunesse n'étaient pas altérées. Il est probable qu'elles demeuraient encore intactes au moment où il abandonna la méthode de Sebond et renonça à « démontrer la vérité de la foi par ordre de nature ». J'ai peine à croire que par la suite elles n'aient pas été fort ébranlées.

Il existe une voie par laquelle on évite de rompre avec des croyances dont on constate la déraison : c'est « la belle doctrine de la connaissance et de la compréhension par le cœur ». Un Pascal réussit à acquérir ou à retrouver la foi en dépit de doutes incurables. Après que l'on a écarté la raison, reste la ressource de l'absurde ; c'est même la plus sûre méthode, bien qu'elle ne soit pas orthodoxe. L'*Imitation* avertit qu'un examen curieux précipite dans l'abîme, et, en disant à Renan que le rationalisme fait injure à la foi, est antichrétien, M. Gottofrey voyait plus clair que les Pères de l'Église qui depuis saint Justin se sont évertués à découvrir dans la philosophie des armes pour la religion [1]. Si Montaigne était resté pyrrhonien, il pourrait à la rigueur et quoique ce soit bien invraisemblable, avoir joui de cette plénitude de foi que procure le mysticisme. Réconcilié avec la raison, reconnaissant que malgré ses défaillances il faut la suivre puisqu'elle est notre guide unique, comment n'aurait-il pas douté de dogmes incompatibles avec elle?

Il avait pendant quelque temps essayé de se soustraire à « certains points de l'observance de l'Église qui semblent avoir un visage plus vain ou plus étrange ». Est-ce seulement dans les cérémonies et pratiques

---

[1]. L'Église enseigne que la foi emprunte à la droite raison sa démonstration, sa défense et son soutien; ce sont les expressions de Pie IX dans l'Encyclique *Qui pluribus*, et le Concile du Vatican a confirmé définitivement cette doctrine. En demandant la protection de la Faculté de Théologie de Paris, Descartes a rappelé que le Concile de Latran, au xvi° siècle, a condamné ceux qui disent que la foi seule enseigne les vérités métaphysiques, et ordonné aux philosophes chrétiens d'employer toutes les forces de leur esprit pour les établir.

dévotes, qu'il avait usé de la liberté de son « choix et triage particulier » ? Les lignes qui précèdent celles-ci donnent à penser que ce fut aussi dans le reste. Jusqu'à quel point fut-il initié aux controverses qui divisaient ses contemporains? Ne firent-elles aucune impression sur lui? A-t-il su les décisions du Concile de Trente et en particulier les décrets sur la transubstantiation? A-t-il ignoré ce que Lansac, l'ambassadeur de France, avec lequel il était lié, racontait du Saint-Esprit envoyé de Rome à Trente dans une valise?

Nous avons seulement la preuve que le spectacle auquel il assistait, amortissait et finit par éteindre son zèle. Chateaubriand qui n'était pas indulgent pour la Terreur de 1793, a trouvé que la Terreur religieuse du XVIe siècle ne fut pas moins horrible ; il a dit que la Saint-Barthélemy avait donné aux idées philosophiques un avantage qu'elles ne perdirent plus sur les idées religieuses. Montaigne n'a pas parlé de ce massacre, mais il n'a pas caché le dégoût qu'il ressentait en voyant les catholiques s'exciter à la sédition et professer à leur tour les maximes subversives dont ils avaient fait un crime aux protestants, la religion se maintenir comme marque, titre et instrument de division bien plus que par soi-même, les guerres religieuses dégénérer en misérables conflits d'ambition et de sottise [1]; catholiques et protestants avaient un progrès si conforme en débordement et injustice qu'ils rendaient « douteux et malaisé de croire la prétendue diversité de leurs opinions ». Parmi ceux qu'animait une foi véritable, combien auraient pu « se vanter d'avoir reconnu les arguments de l'un et de l'autre partis » ? Montaigne commen-

---

1. Montaigne a contribué à accréditer l'opinion que ces guerres n'eurent de religieux que le nom; opinion très exagérée : les chefs furent, en effet, presque tous guidés par des intérêts purement temporels, mais la religion était si intimement impliquée dans la lutte, que d'Aubigné n'estimait pas possible de changer de parti sans abjurer la Réforme et en conséquence étudiait Bellarmin. L'assertion de Montaigne, pour n'être pas fondée n'en est que plus significative et montre combien il avait changé depuis 1562.

çait à dire que pour trancher la querelle, il était besoin d'une impartialité impossible à des chrétiens. Il avançait dans la voie qui le conduisait à former des vœux pour un prince hérétique [1]. Il se convertissait aux idées de tolérance, d'humanité, faisait un chaleureux éloge de Julien, cet homme « très grand et très rare », qui voulut détruire le christianisme non par persécution, mais en laissant ses sectateurs se déchirer entre eux comme des bêtes féroces. Il écrivait dans le chapitre de la liberté de conscience : « Il est ordinaire de voir les bonnes intentions, si elles sont conduites sans modération, pousser les hommes à des effets très vicieux. En ce débat par lequel la France est agitée, le meilleur parti est sans doute celui qui maintient la religion et la police anciennes; entre les gens de bien toutefois qui le suivent (car je ne parle pas de ceux qui s'en servent de prétexte), j'en

---

1. Voir ci-dessus page 96.

vois plusieurs que la passion pousse hors des bornes de la raison et leur fait prendre des conseils injustes. »

De nombreuses et graves additions indiquent un esprit de plus en plus libre : « Nous ne recevons notre religion que comme les autres religions se reçoivent : nous nous sommes rencontrés au pays où elle était en usage... Le vrai culte à chacun est celui qu'il trouve observé par l'usage du lieu où il est... Il n'est point d'hostilité excellente comme la chrétienne ; notre zèle fait merveille quand il va secondant notre pente vers la haine, la cruauté, l'ambition, la rébellion, l'avarice » [1].

Il remarque que c'était jadis une hérésie d'avouer des antipodes ; cela ne mène-t-il pas à soupçonner que d'autres propositions condamnées par l'orthodoxie de son temps,

---

[1]. Il fait aussi une addition pour dire la supériorité des musulmans, une autre pour raconter l'histoire de ce personnage qui voyant la corruption de Rome en conclut qu'une religion qui subsistait au milieu de telles mœurs, devait être divine.

pourraient ne pas être fausses non plus ? De là à partager l'opinion de ceux qui condamnent les punitions capitales aux hérétiques et mécréants, il n'y a pas loin; il laisse entrevoir qu'il y incline, il trouve plus de barbarie à déchirer sous prétexte de religion par tourments et géhenne un corps plein de sentiment, comme il l'a vu faire de fraîche mémoire entre voisins et concitoyens, qu'à le rôtir mort et manger comme font les cannibales. Il ne comprend pas ces gens qui, ayant tué quelqu'un de religion contraire à la leur, s'en vont tout enflés et si fiers d'un chef-d'œuvre si beau; ce qu'il dit ainsi à propos des musulmans s'applique aussi à d'autres, à ceux auxquels il pense quand il s'écrie : « C'est mettre ses conjectures à bien haut prix, que d'en faire cuire un homme tout vif... A tuer les gens, il faut une clarté lumineuse et nette. »

Il distingue trois sortes d'esprits : les simples, peu curieux, peu instruits, qui croient par obéissance; les moyens, « chez qui s'engendre l'erreur des opinions »; et les grands, qui, par longue et religieuse investigation, pénètrent le sens caché des écritures et le divin secret de la police ecclésiastique. Il se recule « autant qu'il peut » dans le premier groupe, regrette d'en être sorti, mais il appartient décidément au second, celui des « esprits dangereux et importuns qui troublent le monde [1] ».

La manière dont il soutient que sa foi n'a jamais chancelé, est elle-même plus propre à éveiller les soupçons qu'à les dissiper. Non content de déclarer qu'au travers des sectes et opinions qui se sont produites autour de lui, il s'est conservé entier sans agitation ni trouble de conscience à ses créances premières, il a multiplié, réitéré ses professions de foi à tel point qu'elles

---

1. « Les métis, qui ont dédaigné le premier siège de l'ignorance des lettres, et n'ont pu joindre l'autre, le cul entre deux selles, desquels je suis. » Ce paragraphe remarquable est une addition à la fin du chapitre des vaines subtilités.

cessent de paraître sérieuses. Voyez le chapitre des prières : en sa première forme, il occupe cinq pages de l'édition Dezeimeris ; dans ces cinq pages où il y a un éloge du *Pater*, une critique des gens qui prient pour une mauvaise cause, et l'approbation de la censure prononcée par l'Église catholique contre l'usage indiscret des psaumes, une seule chose pouvait avoir quelque apparence, bien légère, de témérité : Montaigne semblait juger inutile toute prière autre que le *Pater*. Deux ans après, il mit en tête du chapitre cette sorte de préface : « Je propose ici des fantaisies informes et irrésolues, comme font ceux qui publient des questions douteuses à débattre aux écoles, non pour établir la vérité, mais pour la chercher ; et les soumets au jugement de ceux à qui il touche de régler non seulement mes écrits mais encore mes pensées. Également m'en sera acceptable et utile la condamnation comme l'approbation. Me remettant à l'autorité de leur censure qui peut tout sur moi, je me mêle témérairement à toute sorte de propos. » Dans ce morceau, Montaigne intercala en 1588 les lignes suivantes : « Tenant pour exécrable, s'il se trouve chose dite par moi, ignoramment ou inadvertamment, contre les saintes prescriptions de l'Église catholique, apostolique et romaine, en laquelle je meurs et en laquelle je suis né. » Le besoin d'insister ainsi sur son orthodoxie ne saurait être expliqué par les additions faites au chapitre en 1588 : elles ne contiennent pas un mot qui offense le catholicisme, et on y voit une critique de l'abus que les protestants font de la Bible et de leur manie de mêler indiscrètement la religion à toutes choses. Montaigne craint peut-être d'avoir commis une imprudence en disant qu'on fait souvent des signes de croix mal à propos; toujours est-il qu'il croit n'avoir pas encore assez parlé de son orthodoxie, de sa soumission, et dans ce même chapitre, qui en somme reste très court, il recommence à protester de la pureté de ses intentions ; il ajoute : « Je propose des fantaisies humaines et miennes, simplement comme humaines fantaisies,... matières d'opinion, non de foi ; ce que je discours selon moi, non ce que je crois selon Dieu,... d'une manière laïque, non cléricale. » Il ne trouverait pas mauvaise la défense d'écrire sur la religion à quiconque n'en fait pas profession expresse, et à lui tout le premier.

Cela même ne lui suffit pas. Le chapitre des prières est l'avant-dernier du livre I ; le dernier à quatre pages, les deux premiers du livre II sont très courts, et le troisième commence ainsi : « Si philosopher c'est apprendre à douter, à plus forte raison niaiser et fantastiquer comme je fais doit être douter ; c'est aux apprentis à enquérir et débattre, et au cathédrant de résoudre [1] : mon cathé-

---

1. Ou « répondre » ; les éditeurs ne sont pas d'accord.

drant, c'est l'autorité de la raison divine. »

Ces répétitions fastidieuses, cet effort excessif pour enchérir sur ce qui vient d'être dit surabondamment, s'expliquent par leur date : l'Église, bien qu'elle ne fut pas alors aussi rigoureuse qu'elle le devint bientôt après, imposait une prudence extrême. Tout récemment, Carnesechi, Paleario, avaient été martyrisés en Italie ; sans parler des buchers d'Étienne Dolet et d'Anne Dubourg, on excuse Montaigne, quand on sait à quoi étaient réduits en France des érudits abrités pourtant par des fonctions officielles : en 1563, Denis Lambin, professeur au collège royal, ne jugeait pas inutile d'exposer longuement et à plusieurs reprises, qu'on pouvait étudier Lucrèce avec plaisir et l'éditer avec soin, sans pour cela être mauvais chrétien ni douter de l'immortalité de l'âme [1]. Montaigne se voyait exposé à

[1]. Voir les lettres à Charles IX et à Germanus Valens, pages 241, 243, 293 du recueil imprimé en 1578 par Maugier sous ce titre *Trium dissertissimorum Virorum præfationes, Mureti, Lambini et Regii*.

des soupçons imprévus et dénués de tout fondement. Il n'avait rien perdu de sa vieille antipathie pour la Réforme. Le goût d'habiller de tristesse la conscience et la vertu ne lui était pas venu ; ennemi juré de ce sot et monstrueux ornement, il ne pouvait se réconcilier avec l'humeur sombre et chagrine du calvinisme. La doctrine de la grâce remise en honneur, les altercations des luthériens, soit entre eux, soit avec les partisans de Zwingli ou les anabaptistes, les subtiles ambiguités dont Ramus faisait honte au synode de la Rochelle, n'étaient pas davantage pour lui plaire [1]. Il a pu ignorer les incroyables griefs de Calvin contre Servet, mais non le supplice dont ils furent la cause ou le prétexte. Il déplorait le sort de Castellion, autre illustre victime

---

1. Il admirait le caractère de La Noue, mais pouvait-il goûter ses arguments, celui-ci, par exemple : « Cette foi vous certifie que vous êtes co-bourgeois des cieux et que par Jésus-Christ, vous avez été arraché des pattes du grand Pharaon qui est le diable et de la servitude d'Égypte qui est la figure de l'enfer. Comment donc vous souvenez-vous si peu d'un bien si excellent ? »

de l'intolérance des réformateurs, et regrettait de n'avoir pu le secourir. Les fanatiques de Genève repoussaient de leur ville un Ramus, un Giordano Bruno : peut-être était-il moins périlleux d'attaquer Aristote et de célébrer Julien en terre catholique qu'en terre protestante ; la folie religieuse sévissait même à Zurich où des bourgeois étaient mis à l'amende pour avoir fait maigre le vendredi. Les réformés, qui rejetaient des propositions absurdes, en retenaient et en imposaient d'autres non moins choquantes et dans lesquelles Montaigne voyait « encore plus d'étrangeté ». Il montrait que leurs arguments contre les anabaptistes se retournaient contre eux. Il les raillait de croire que pour avoir mis la théologie en langage populaire, ils l'eussent rendue palpable et plus acceptable. Il estimait l'ignorance préférable à la science verbale et présomptueuse des controversistes réformés. Et cependant le bruit courait qu'il ne s'attardait dans le catholicisme que par inertie, défaut de courage. Son livre où les réformés sont si maltraités, fut allégué par eux comme l'œuvre d'un allié secret. L'indépendance qui y perce partout, leur avait donné l'espérance de voir son auteur passer dans leurs rangs. De même qu'au moyen âge les païens étaient confondus avec les Sarrazins, au XVIe siècle tout symptôme d'émancipation était bien vite pris pour un symptôme de réformation : Giordano Bruno fut regardé comme luthérien par les Italiens qui le virent brûler en 1600. Les protestants disaient « à chacun en qui reluisait quelque clarté d'esprit, professant la religion catholique, que c'était à feinte, et tenaient même, quoiqu'il dit, qu'il ne pouvait faillir au dedans d'avoir sa créance réformée à leur pied ». La « fâcheuse maladie de se croire si fort, qu'on se persuade qu'il ne se puisse croire au contraire », est de tous les temps; Montaigne en fut victime. « Il ne s'en fit pas précisément des accusations formelles, car il n'y avait pas où mordre, mais les suspicions muettes ne lui furent pas épargnées. »

Il était d'autant plus éloigné de rompre avec le catholicisme, qu'on sortait à peine d'une période pendant laquelle l'Église romaine s'était montrée singulièremént accommodante pourvu qu'on ne la bravât pas en face d'une façon trop ouverte. Dans la première moitié du xvi$^e$ siècle, la cour pontificale était plus que tolérante ; dénuée de toute religion, elle semblait complice de la Renaissance. Lorsque la mode se répandit chez les réformés de changer les noms de baptême « pour peupler le monde de Mathusalem, Ezéchiel, Malachie, beaucoup mieux sentant de la foi », il n'y avait pas longtemps que, par une mode opposée, les représentants les plus éminents du catholicisme avaient changé les leurs pour des noms païens. Les libres-penseurs, à quelques exceptions près [1],

1. Dolet fut-il condamné comme libre-penseur ou comme hérétique ?

jouissaient de grandes immunités. Érasme était en si bons termes avec Rome, que malgré ses écrits interdits à Paris et ceux qui lui valurent tour à tour de la part de Luther des compliments et une accusation d'athéisme, il faillit être nommé cardinal d'abord par Adrien IV, ensuite par Paul III. Les œuvres si irréligieuses de Machiavel avaient été, quelques mois avant la naissance de Montaigne, imprimées à Rome en vertu d'un bref de Clément VII ; elles étaient dédiées à un cardinal, et un autre cardinal avait transmis le manuscrit à l'éditeur. Montaigne lui-même trouva à Rome une très large indulgence : un moine avait critiqué la première édition de son livre ; le *Maestro del sacro palazzo* ne tint aucun compte de la dénonciation. Il se borna à demander à Montaigne de « r'habiller » selon sa conscience, ce qui pouvait être « de mauvais goût ». Bien à l'aise, Montaigne en profita pour maintenir, sans la moindre concession, les passages incriminés, entre autres l'éloge de Julien, et pour en fortifier un par une répétition hardie [1].

Malgré ces considérations, j'avoue que si Montaigne n'avait point eu d'autres motifs pour se soumettre comme il l'a fait à l'Église catholique, il faudrait l'excuser, mais renoncer à le justifier ; il en eut un meilleur et plus respectable.

Nous concevons difficilement qu'après avoir envisagé librement « les idées étroites et mesquines et toute la mythologie qu'il faut admettre pour être catholique », on ne sente pas, comme Renan, la nécessité d'une rupture, et qu'un homme, d'esprit supérieur, imite les gens qui sauvegardent les dogmes en évitant d'y penser, de même que Don Quichotte se dispensait d'éprouver une seconde fois son armet de peur de le trouver

---

[1]. Au chapitre de la couardise, il avait dit : « Tout ce qui est au delà de la mort simple me semble pure cruauté ». Il le redit dans une addition au chapitre de la cruauté. Cela avait été blâmé à Rome ; la répétition ressemble à une protestation contre la critique. Malgré cela les *Essais* ne furent mis à l'index qu'en 1676.

trop fragile. Cela arrive pourtant. Montaigne parle « d'une certaine foi qui ne croit ce qu'elle croit, que pour n'avoir pas le courage de le décroire » ; tandis que « les uns font accroire au monde qu'ils croient ce qu'ils ne croient pas, les autres se le font accroire à eux-mêmes ». Ou, pour mieux dire, « nous sommes doubles, ce qui fait que ce que nous croyons, nous ne le croyons pas, et ne pouvons nous défaire de ce que nous condamnons ». Montaigne n'a certes pas manqué de courage et ne se faisait rien accroire; mais il était double. Dans la solitude et le silence de la retraite ses méditations le conduisaient à des conclusions antichrétiennes; lorsqu'il descendait de sa tour et rentrait dans le monde, il revenait facilement aux opinions de sa jeunesse et n'avait pas d'effort à faire pour professer le culte dans lequel il avait été élevé : par instinct, par institution première, le vieil homme retenait la foi que délaissait l'homme nouveau. De même qu'en des émotions soudaines, il lançait parfois « du fond des entrailles les premières paroles latines », bien qu'il eut désappris à parler latin, de même il usait naturellement des formules et des pratiques religieuses. Henri IV ne devait pas dire de bon cœur les litanies et le rosaire qui lui avaient été imposés par le Pape ; Montaigne a pu sans arrière-pensée faire le signe de la croix et réciter le *Pater*.

Quoiqu'il en soit, la religion n'avait plus sur lui d'action sérieuse. Il était catholique « au même titre que périgourdin », cela ne tirait pas à conséquence. Dictées par l'habitude, par la prudence ou par une sorte de piété, ses professions de foi demeurèrent lettre morte. Le catholicisme n'obtient dans les *Essais* que des concession verbales, sous lesquelles perce une indifférence pire que le doute ou que la négation. Le prêtre de Joinville qui se désespère parce que les objections au mystère de l'Eucharistie l'obsédent, et qui les repousse comme pièges de l'Ennemi, est toujours un croyant et l'évêque a raison de lui répondre qu'il reste au fond plus fidèle que bien d'autres qui n'ont pas les mêmes inquiétudes. Montaigne, qui doute de tout, ne doute d'aucun dogme, n'attaque pas le christianisme : il le méconnaît, le néglige comme s'il l'ignorait complètement.

Il estimait, peut-être à tort, qu'une foi véritable se reconnaît à son efficacité, n'admettait pas qu'elle fût sans influence sur les discours et les actes des hommes : « S'il est ainsi, disait-il, qu'une forte et vive créance tire après soi les actions, de même, certes cette foi de quoi nous nous emplissons tant la bouche, est merveilleusement légère. » La reine de Navarre ayant allégué en témoignage de singulière piété les stations qu'un jeune prince faisait régulièrement dans une église à travers laquelle il passait pour se rendre chez une femme mariée,

Montaigne s'étonnait, trouvait qu'une liaison coupable n'est pas compatible avec une dévotion sincère. Ses propres discours ne le sont pas davantage. Insoucieux de la religion, s'en tenant « au vraisemblable », il travaille, inconsciemment peut-être, à tarir la source d'où elle sort.[1]

[1]. Dans un des éloges qu'il fait de Socrate, on lit : « Il est bien advenu que ce soit le personnage duquel nous ayons plus certaine connaissance : il a été éclairé par les plus clairvoyants hommes qui furent oncques ; les témoignages que nous avons de lui sont admirables de fidélité et de suffisance. » Montaigne n'a-t-il pas vu quel rapprochement cette remarque provoque? N'est-ce pas là une de ces allégations qui portent, hors de son propos, « la semence d'une matière plus riche et plus hardie » ? Voir la conclusion de la *Nouvelle Vie de Jésus*, par Strauss.

## CHAPITRE XI

**SCIENCE**

Tandis qu'il prodigue à la religion des hommages bruyants, il accable la science de paroles dédaigneuses ou hostiles : elle engendre la vanité, ôte aux esprits leur vigueur et leurs ressorts naturels, n'est d'aucun secours pour la conduite de la vie. La plupart de ses instructions ont plus de montre que de force ; sans tout ce bagage, les pauvres gens ont plus de constance que nous. L'extrême fruit qu'elle promet, est le même auquel la bêtise conduit doucement. L'ignorance est le bout de toute philosophie. La curiosité de connaître est un fléau ; que d'hommes abêtis par elle ! La quête laborieuse des sciences vient de causer la folie du Tasse. Tacite a bien raison de louer la mère d'Agricola de l'avoir bridée en son fils. Qui a pris de l'entendement en la logique? Où sont ses belles promesses? Le besoin de s'augmenter en sagesse et en science fut la première ruine du genre humain, c'est la voie par où il s'est précipité à la damnation éternelle.

On trouverait des paroles semblables chez d'illustres hommes de science, chez Descartes ; ce sont des paradoxes dont Montaigne lui-même a fait justice. Cette ignorance « forte et généreuse » qu'il célèbre, « ne doit rien en honneur et en courage à la science et ne suppose pas moins de science que la science elle-même » ; notre âme « s'élargit d'autant plus qu'elle se remplit, devient plus vive et plus éveillée, à mesure qu'elle s'enrichit de connaissance ». Aux vieux temps, les grands capitaines et les grands conseillers aux affaires d'État, étaient très savants, et toutes les fois qu'on a mis à la preuve de l'action les vrais philosophes, « on les a vu voler d'une aile si haute qu'il paraissait bien leur cœur et leur âme s'être merveilleusement enrichis par l'intelligence des choses ». Montaigne « aime et honore le savoir en son véritable usage », c'est un outil de merveilleux service, le plus noble et le plus puissant acquêt des hommes, « une très utile et grande partie, et ceux qui la méprisent, témoignent assez de leur bêtise ». Pour bien faire, il ne la faut pas seulement loger chez soi, il la faut épouser.

La science à laquelle il fait la guerre, est celle qui asservit les âmes, les dessèche, les dépouille d'originalité, les gonfle de présomption et permet d'être docteur à dix ans. Il déteste, un peu plus que la bêtise, le pédantisme, le savoir verbal des gens qui « se rapportent de leur entendement à leur mémoire et ne peuvent rien que par livre », le bagage qui « empêche au lieu de nourrir », l'ostentation des hommes gonflés de vent, les arguties et les subtilités épineuses de la dialectique, les ergotismes tels que baroco et baralipton, en un mot la prétendue science du moyen âge.

La science moderne, la vraie, la seule digne d'être appelée science, n'existe pas encore au XVIe siècle. Montaigne semble parler contre elle, quand il dit qu'il ne doit nous chaloir que Copernic ait ou non raison contre Ptolémée. Cette parole prendra en passant par la bouche de Pascal une gravité qu'elle n'a pas dans la sienne : à l'heure où il la prononce, il est permis de traiter légèrement l'hypothèse de Copernic, de s'en défier et de se demander si quelque jour une tierce opinion ne renversera pas les deux premières. Ramus, qui fait cas de Copernic, s'intéresse aussi au jeune Tycho-Brahé qu'il rencontre à Augsbourg ; un quart de siècle plus tard, Galilée, tout récemment converti au système de Copernic, écrira à Képler qu'il n'ose en prendre la défense de peur d'être un objet de risée et de sarcasme, et, en effet, quand il fera connaître ses théories, elles seront méprisées par Bacon.

Il en est de la plupart des découvertes faites au début des temps modernes, comme de l'invention des armes à feu dont en général on ne soupçonnait pas les résultats. Montaigne ne déclame pas comme Arioste contre les nouveaux engins de guerre, il pense qu'ils seront « de fort peu d'effets ».

Les progrès de la géographie l'intéressaient plus que les conceptions astronomiques, ils lui semblaient « être de considération »; mais leur portée véritable lui échappait, comme elle avait échappé aux agents de ces progrès : Colomb croyait servir la religion, débarquait dans le nouveau monde la croix à la main, au chant des hymnes catholiques, et son second voyage fut décidé par le zèle pieux de Ferdinand et d'Isabelle.

Les récentes explorations laissaient place à tant de vagues rêveries, étaient enveloppées de tant d'incertitudes, qu'elles éveillaient la méfiance. Montaigne ne refusait pas de croire les marins et les voyageurs qui avaient visité les nouvelles terres ; mais il ne prêtait pas l'oreille aux cosmographes et topographes trop pressés de décrire ce qu'ils n'avaient pas vu. Il craignait d'être mal informé et l'était en effet si mal que, partageant l'erreur de Colomb, il croyait que le nouveau monde était une terre continente avec l'Inde orientale, ou que, si elle en était séparée, c'était « d'un si petit détroit » qu'elle ne méritait pas « d'être nommée île pour cela ». Il se demandait s'il ne restait pas à faire des découvertes du même genre ; « Notre monde vient d'en trouver un autre ; qui nous répond que c'est le dernier ? » Prudence excessive en ce cas, salutaire en principe. On a fait grand bruit de la plaisanterie par laquelle Voltaire expliquait les coquilles marines des Alpes. Nous n'en devrions pas moins imiter son doute railleur et celui de Montaigne ; mieux vaudrait hésiter un peu devant les systèmes les plus solides, que de nous engouer étourdiment d'opinions éphémères comme nous l'avons fait si souvent depuis cinquante ans.

Montaigne ne sait pas que la postérité saluera Colomb et Copernic comme deux grands agents d'émancipation, il méconnaît leur rôle ; en revanche, il discerne et dénonce les illusions, qui avaient un peu après l'ère chrétienne, replongé l'humanité dans la nuit des premiers âges.

La conception d'un ordre de choses régies par des lois immuables, était répandue dans l'empire romain. Des philosophes, des poètes, Lucrèce, Cicéron, Sénèque, avaient, à la suite de leurs maîtres grecs, combattu le monstre qui, du haut du ciel, opprimait le genre humain. L'impossible n'arrive pas et le possible n'est pas miracle : cette brève sentence passée du *de Divinatione* dans une controverse de Sénèque le père, c'est-à-dire dans un exercice de rhétorique, marque le progrès qui s'accomplissait. Le moyen âge fut une recrudescence de l'antique superstition ; il eut pour caractères ce mépris du droit sens et cette admiration pour les chimères qui présidèrent, comme Renan l'a dit, à l'établissement du christanisme. Les Pères de l'Église enseignèrent que le propre de la foi est d'admettre la possibilité de l'impossible. Pendant près de dix siècles on s'obstina à voir des miracles dans les accidents les plus vulgaires. Persuadés qu'il ne tombe pas un passereau du ciel, pas un cheveu de notre tête, sans un décret spécial de la Providence, les hommes croyaient à une incessante intervention des puissances surnaturelles dans leurs moindres affaires. Plus on était hanté de visions, plus on passait pour un bon esprit : *hi quibus mens sanior*, dit Grégoire de Tours, en parlant de gens témoins de prodiges que personne autour d'eux ne parvenait à voir. A la fin du xv⁰ siècle, les extravagances toujours puériles, quelquefois charmantes, plus souvent odieuses, auxquelles le moyen âge se complaisait, diminuèrent peu à peu ; il ne fut plus question d'arroser pendant trois ans un bois mort pour obtenir une frondaison miraculeuse ou d'allonger par une prière une poutre trop courte, comme au temps de Sulpice Sévère, ni de traverser la mer à pied sec ou sur un rocher flottant comme saint Guénolé et saint Vouga ; ces imaginations firent place à d'autres qui ne valaient pas mieux. L'imprimerie n'a pas propagé seulement les œuvres propres à éclairer les esprits, elle a multiplié aussi, et peut-être davantage, les écrits qui entretenaient et ravivaient les folies du moyen âge. On éditait les dialogues sur les miracles de saint Martin, les livres de Grégoire de Tours sur les miracles des confesseurs, la *Légende Dorée*, la vieille littérature chevaleresque grossie des *Amadis*, les livres de magie, les traités de démonologie, de démonomanie, le *Marteau des sorcières*, le *Fléau des démons*. On vivait en plein merveilleux dans un monde de prodiges et d'enchantements, où les puissances des ténèbres étaient plus actives que jamais ; depuis qu'on invoquait moins les saints, l'enfer avait recruté la clientèle qui les négligeait, et les maléfices remplaçaient les vertus divines.

Les savants eux-mêmes fortifiaient par leurs aberrations les préjugés funestes à la science.

Grangousier faisait honte aux pèlerins de croire qu'un saint propage la peste ; il disait que les prédicateurs qui enseignent de telles choses sont des imposteurs plus à punir que ceux qui auraient effectivement infesté le pays. Mais il admettait que la peste vient du diable.

Rabelais s'étonnait de voir, en un temps

où la lumière renaissait, un si grand nombre de personnes récalcitrantes à l'accueillir. Étienne Pasquier, qui ne manquait pas de bon sens, accordait quelque crédit « à l'opinion de ceux qui soutiennent les esprits malins se pouvoir enclore dans des anneaux ». La Noue dénonçait avec horreur les artifices des démons et comptait trente mille sorciers en France sous Charles IX[1]. Nostradamus venait de mourir en 1566 et ses *Centuries* avaient une vogue incroyable. D'Aubigné étudiait les mathématiques et les éléments de la magie, avec résolution pourtant de ne jamais s'en servir. La chiromancie était tellement en honneur qu'il suffisait « de sa-

---

1. En parlant des dernières années du xvi° siècle, Voltaire dit : « On ne sait point assez combien de misérables ont été livrés aux bourreaux par des juges ignorants qui les condamnaient aux flammes tranquillement et sans scrupule, sur une accusation de sorcellerie... Chaque année, dans ces temps à demi sauvages auxquels nous touchons, était marquée par de semblables aventures... Nous avons un recueil des arrêts rendus en Franche-Comté contre les sorciers, fait en en 1607, par un grand juge de Saint-Claude nommé Boguet et approuvé par plusieurs évêques. On mettrait aujourd'hui dans l'hôpital des fous un homme qui écrirait un pareil ouvrage, mais alors tous les autres juges étaient tout aussi cruellement insensés que lui... Il faut parler mille fois de ces histoires honteuses, il faut les rendre sans cesse présentes à l'esprit des hommes. » Ce qu'on ne savait pas assez du temps de Voltaire, le sait-on mieux aujourd'hui ?

voir le point où Mars loge dans le triangle de la main pour passer avec réputation et faveur en toutes les compagnies ». Montaigne dit aussi le bruit que faisaient « les bastelages, les enchantements, les liaisons, le commerce des esprits des trépassés, les prognostications, la ridicule poursuite de la pierre philosophale »; il n'omet que les envoûtements. Brantôme raconte sérieusement qu'à Lusignan, en Poitou, les samedis, vers l'heure des vêpres, la fée Mélusine qui avait moitié le corps d'une très belle femme et l'autre moitié en serpent, venait parfois se baigner dans la fontaine ou se promener sur la grosse tour du château.

Montaigne n'avait pas tout à fait échappé à la contagion et il en gardait des traces légères. En quelques endroits, il paraît admettre que la Providence distribue la maladie et la mort, qu'elle l'a sauvé d'un grand danger; il n'en est pas moins guéri de la superstition et s'élève contre elle avec une fermeté périlleuse. On ne brave pas impunément certains préjugés ; il est plus imprudent de contredire une sottise que de nier une vérité, car en disputant contre un sage on ne risque que de se tromper, et en tenant tête à des insensés on doit s'attendre à voir leur folie dégénérer en rage furieuse. L'incrédulité de Montaigne courrouça bien des gens qui lui défendaient de douter des sortilèges « sous peine d'injures exécrables ». Il n'en tint compte et répéta, de plus en plus nettement, qu'il n'y a pas de volonté divine à qui il appartienne de jamais contrarier la puissance de notre mère nature, que la *relligio quæ minimis etiam rebus inserit Deos* est une *prava relligio*, que de la toute-sagesse de Dieu il ne part rien que de réglé et de commun, et que « l'ordre du cours de nature » ne saurait en aucun cas être troublé par aucune espèce d'intervention.

Condamnant formellement l'argument favori, la pratique constante des Pères de l'Église et des prédicateurs, il met les « interprètes et contrôleurs ordinaires des desseins de Dieu, faisant état de lire dans les secrets de sa volonté », sur le même rang que les conteurs de fables, alchimistes, astrologues et autres charlatans. Il montre combien il est ridicule d'alléguer le combat de la Roche-Abeille « pour certaine approbation d'un parti », sauf à expliquer ceux de Jarnac et de Montcontour comme châtiments paternels infligés au même parti. Il rappelle aux chrétiens qu'avant la bataille de Lépante, dont ils célèbrent tant le gain, ils en ont vu « d'autres telles à leurs dépens ». Il refute les écrivains ecclésiastiques qui, du genre de mort d'Arius, tirent argument contre l'arianisme.

A mesure qu'il vieillit, sa conviction s'exprime avec une vivacité croissante : « Nous appelons contre nature ce qui advient contre la coutume ; rien n'est que selon elle ; que cette raison universelle et naturelle chasse de nous l'erreur et l'étonnement que la nouvelleté nous apporte... Les miracles sont selon l'ignorance en quoi nous sommes de nature... Combien de choses appelons-nous miraculeuses et contre nature ! Cela se fait pour chaque homme et chaque nation selon la mesure de son ignorance... C'est bien assez qu'un homme, quelque recommandation qu'il ait, soit cru de ce qui est humain ; de ce qui est surnaturel, il en doit être cru seulement lorsqu'une approbation surnaturelle l'a autorisé. » Autant dire : je ne croirai à aucun miracle avant d'en avoir vu un autre moi-même.

Dans le chapitre qui commence par des railleries regrettables contre le nouveau calendrier, il critique la manie universelle de chercher la cause des choses sans s'assurer au préalable de leur existence. Il explique admirablement la formation des récits fabuleux, le progrès des miracles dont le plus éloigné témoin est mieux instruit que le plus voisin, et le dernier informé mieux persuadé que le premier : « C'est merveille de combien vains commencements et frivoles causes, naissent ordinairement de si fameuses impressions »; il faudrait « quasiment partout dire : il n'en est rien ». Il n'ose user de cette réponse aussi souvent qu'il le voudrait; du moins, il ne s'en laisse pas imposer par la masse des témoignages : « N'en croyant pas un », il n'en croit pas davantage cent et un. Jadis il a rencontré, interrogé des sorciers, tâché de voir des choses au-dessus de ses croyances ; sa curiosité, toujours déçue, l'a amené à cette conclusion : « Il est vraisemblable que le principal crédit des visions, enchantements et tels effets extraordinaires[1], vienne de la puissance de l'imagination; on pense voir ce qu'en réalité on ne voit pas ».

---

1. Dans la première édition il y avait de plus « des miracles » cela a disparu. Pourquoi ? Par prudence ? Mais en même temps qu'il supprimait ces deux mots, Montaigne faisait ailleurs les additions hardies que nous venons de voir.

De là aussi la fortune de la plupart des remèdes et pratiques médicales. A la fin du xixe siècle, il est encore, en bien des cas, « absurde et ridicule » de remettre, comme on le fait journellement, sa vie et sa santé à la merci des médecins ; au xvie siècle, la médecine était « un art fantastique et surnaturel, un enchantement magique ». Lui faire la guerre, c'était faire la guerre à la superstition et réhabiliter la nature.

Quelques années plus tard, Bacon voyait deux obstacles au progrès des connaissances humaines : l'autorité des théologiens scolastiques, héritiers des Pères de l'Église, toujours prêts à accuser d'impiété quiconque résistait à leurs décisions, et la superstition ennemie acharnée de la philosophie naturelle : en deux mots, la servilité et la crédulité humaines. S'il a dit vrai, si comme Renan l'a cru, le principe essentiel de la science est de faire abstraction du surnaturel, la science n'a été servie par personne plus efficacement que par Montaigne. En secouant le joug des docteurs de l'école, et en écartant les agents imaginaires dont le moyen âge avait peuplé le monde, en luttant contre l'infirmité qui fait que « rien n'est cru si fermement que ce qu'on sait le moins », en niant la possibilité d'une infraction aux lois éternelles qui régissent l'univers, il fit ce qu'il y avait de mieux, de plus urgent pour préparer l'avènement de l'esprit moderne. Les *Essais* sont la préface de l'*Instauratio magna*, de l'entreprise dont le plan et la méthode allaient être fixés par Bacon et par Descartes.

# CHAPITRE XII

## MORALE

L'élimination du surnaturel changea radicalement la morale de Montaigne.

« Les actions vertueuses de Socrate et de Caton demeurent vaines et inutiles pour n'avoir eu leur fin et n'avoir regardé l'amour et obéissance du vrai créateur et pour avoir ignoré Dieu[1]. » Ne croirait-on pas entendre quelque Père de l'Église ou Pascal? Ailleurs encore restent certains vestiges des premières opinions de Montaigne, de celles qu'il avait approuvées chez Sebond et dont il n'était pas affranchi lorsqu'il commença d'écrire.

1. C'est dans l'*Apologie* de Sebond, un peu après le début, là où Montaigne veut encore sérieusement faire une apologie.

En y réfléchissant, il s'aperçut que nous trouvons en nous « toute la doctrine dont nous avons besoin », que ce qui est au delà de la naturelle suffisance est à peu près vain et superflu, et, d'une morale étroitement liée à la religion, il passa à une morale dégagée de toute métaphysique, « dressée par vulgaires ressorts et naturels ».

Croyait-il encore à une autre vie après la mort? La faiblesse des arguments en faveur de l'immortalité de l'âme le frappait « singulièrement ». Platon prétend que la partie spirituelle jouira des récompenses qu'elle aura méritées : « il y a bien peu d'apparence » qu'il dise vrai, car « à ce compte, ce ne sera plus l'homme, ni nous par conséquent, à qui touchera cette jouissance ». Par la mort, nous sommes « hors l'être »[1].

Très préoccupé de la fragilité de notre

---

1. Addition au début du chapitre III, du livre Ier. Il n'aurait pas parlé ainsi à l'époque où il commença d'écrire.

existence, il s'était répété, même en sa saison la plus licencieuse, jusque dans les plaisirs et les fêtes, que la fin de sa vie pouvait être imminente. Il n'est rien de quoi il se soit entretenu plus souvent que de ces imaginations ; pour n'y pas songer, il faut, disait-il, une « nonchalance bestiale et malsaine ». Cette nonchalance, il l'a maintenant au plus haut degré : il ne se tourmente pas plus de la mort que de son jardin dont il n'a cure, ne fera rien à cause d'elle ; quant à ce qui la suivra, il ne s'en soucie pas davantage. Que des gens plus raisonnables se forgent un repos tout spirituel, remplissent leur courage de la certitude d'une autre vie, telle n'est point du tout son humeur, il ne saurait embraser son âme de l'ardeur de cette vive foi et espérance. La vie doit être elle-même à soi sa visée. Il ne se privera pas des commodités qui lui « sont sous main, pour, par le tourment de cette vie, acquérir la béatitude d'une autre ». La prud'homie « contrainte sous l'espérance et la crainte », n'est point son fait, il en veut une qui ne soit « ni produite par la religion, ni même agitée par elle », qui « se sente de quoi se soutenir sans aide, née en nous de ses propres racines par la semence de la raison universelle », laquelle rend l'homme courageux en la mort, non point parce que l'âme est immortelle, mais tout simplement parce qu'il est mortel. En ramenant du ciel, où elle perdait son temps, la sagesse humaine, et en montrant à l'humaine nature combien elle peut par elle-même, Socrate « a dressé non seulement les plus réglées, mais les plus hautes et vigoureuses créances, actions et mœurs qui furent jamais ».

L'âme a une haute dignité, est souveraine maîtresse de notre condition, range à soi et à son état les sentiments du corps et autres accidents ; qu'on n'aille pourtant pas séquestrer ces deux pièces l'une de l'autre : « Il faut ordonner à l'âme non de mépriser et abandonner le corps (aussi ne le saurait-elle faire que par quelque singerie contrefaite), mais de se rallier à lui, de l'embrasser, le chérir, l'épouser en somme. »

Quand Renan rejeta le catholicisme, il s'efforça de retenir le christianisme, de le conserver pour règle et pour guide; Montaigne fait exactement le contraire : il prétend rester orthodoxe et n'a pas un mot par lequel il se rattache à Jésus. Les modèles qu'il veut que nous nous présentions toujours en l'imagination, jusqu'à ce que, rendus pareils à eux, nous ayons assez de respect de nous-mêmes, sont tous, sans exception, pris en Grèce, à Rome, chez les infidèles. Il adhère aux dogmes catholiques, nullement au sermon sur la montagne. Entre sa morale et celle de l'Évangile, il y a cette différence entière que met indubitablement, comme le dit Pascal, la différence d'opinion sur l'immortalité de l'âme.

Si parfois, bien rarement, il invoque la

Sainte Écriture[1], elle lui sert à contredire les philosophes païens sur des points où ils se rencontrent avec le christianisme. Pour réfuter le mot de Cicéron : philosopher n'est autre chose que s'apprêter à la mort, il citera l'*Ecclésiaste* : « Ou la raison se moque, ou elle ne doit viser qu'à notre contentement, et tout son travail tendre en somme à nous faire vivre à notre aise »[2].

Peut-être, au fond, est-il plus loin de Jésus que ne le sont Sénèque, Plutarque et quelques autres païens : par certains côtés et par certaines tendances, ils inclinent sur le christianisme. Rien de pareil chez Montaigne.

---

[1]. L'absence presque complète de textes empruntés à la Bible et aux Pères de l'Église, devient frappante quand on rapproche des *Essais* les écrits du plus illustre contemporain de Montaigne : Voir dans les *Essais* de Bacon, dans l'*Instauratio magna*, dans le *De dignitate et augmentis scientiarum*, les citations bibliques.

[2]. En lisant dans le dernier volume de l'*Histoire d'Israël*, le chapitre sur l'*Ecclésiaste*, « un des livres les plus originaux et les plus charmants qui existent dans aucune langue », j'attendais à chaque page une comparaison avec les *Essais*. La parenté est si évidente, on est si tenté de faire le rapprochement, même sans penser que Montaigne descendait d'une famille juive ! Renan avait-il étudié Montaigne ? J'ai peur que non ; quelle délicieuse page nous aurions eue !

Il est inutile d'énumérer les endroits où il contredit la morale chrétienne. Nous ne nous arrêterons même pas à ses audacieuses considérations sur le suicide. Bornons-nous au chapitre du repentir. C'est un des plus remarquables et des mieux conduits. Cette fois, par extraordinaire Montaigne ne divague pas un instant.

Au début, comme au début du chapitre sur le suicide, il a bien soin de rappeler qu'il parle « en enquerrant et ignorant », que pour la résolution définitive du problème, il s'en rapporte « purement et simplement aux croyances légitimes » ; refrain de pure cérémonie, point du tout « naïve et essentielle soumission » comme il l'annonce. On sent assez à son accent qu'il expose non pas une opinion fugitive, mais une opinion bien enracinée, une véritable doctrine, s'il est permis d'employer ce mot en parlant de Montaigne ; ce n'est là ni le langage ni le ton de quelqu'un qui s'enquiert. D'ailleurs, les catholiques n'avaient rien à chercher en pareille matière, surtout à cette date : le dogme venait d'être fixé par le Concile de Trente avec toute la précision désirable. Un physicien, écrivant à la fin du xvi⁰ siècle, sur le système de Copernic, pouvait se mettre à couvert sous une déclaration analogue à celle de Montaigne : je ne sais, j'examine, je cherche ; mais sur le repentir, il n'y avait pas à prétexter l'ignorance : le Concile dans sa 14ᵉ session avait exposé très amplement la théorie orthodoxe de la pénitence, et en particulier, au chapitre III, signifié la nécessité de la contrition qui implique la haine de la vie passée, *veteris vitæ odium* ; le 5ᵉ canon anathématise quiconque soutiendrait que cette contrition n'est pas une souffrance véritable et utile, *verum et utilem dolorem*. Or, que dit Montaigne ?

Il ne s'admire pas, il confesse sa faiblesse naturelle, se trouve « bien mal formé », et, s'il avait à se façonner, il se ferait « vraiment bien autre ». Il se déplaît de sa « forme universelle », la condamne. Mais le désir qu'il a d'être « autre en général » n'est que du regret ; il ne saurait « nommer cela du repentir, non plus que le déplaisir de ne pas être un ange ». La véritable repentance, qui s'enfonce en l'âme comme un ulcère en la chair, il ne la connaît guère et n'y croit pas beaucoup [1] ; il se repent rarement, pour ne pas dire jamais. Les imperfections qu'il se reconnaît, ne troublent en aucune façon le repos de son âme : il s'est, de son mieux, préservé de la contagion du siècle, il a conduit ses actions « communément par ordre », et en pareilles circonstances il serait encore le même, ne ferait pas autrement. Le repentir qui vient avec les années comme un désaveu tardif du passé, lui semble un symptôme d'impuissance actuelle et non un progrès moral, n'est qu'une illu-

---

1. Ailleurs il parle pourtant du repentir en termes énergiques, et ici même peut-être critique-t-il plutôt la pénitence que le repentir.

sion, une vue fausse produite par la distance, un accident fortuit, dont il se défend avec autant de vivacité que d'autres s'y plongent et s'en parent ; il le « hait », et pour bien marquer cette haine, il prononce une parole scandaleuse : « Si j'avais à revivre, je vivrais comme j'ai vécu. » Ce n'est pas là l'indulgente faiblesse du pécheur endurci qui s'accorde une absolution trop facile ; c'est une protestation contre des opinions et des pratiques qu'il juge malsaines : au repentir vulgaire, issu de l'affaiblissement de nos facultés, plutôt que de l'affaiblissement de nos vices, aux « réformations casuelles », il oppose une réformation plus sincère et plus généreuse, un amendement qui se fait « par renforcement de notre raison », sans chagrin, sans rien qui ressemble à la componction et à l'attrition. Bien loin d'approuver « celui qui disait anciennement être obligé aux années de l'avoir défait de la volupté », il ne saura jamais bon gré à l'impuissance du bien qu'elle peut lui faire, il maudit cette « misérable sorte de remède : devoir à la maladie sa santé ».

Songez au disciple de saint Martin consterné par le souvenir de ses péchés et l'approche du jugement [1]; à tout le moyen âge en proie aux terreurs exprimées par le *Dies iræ*; à Pascal célébrant les avantages de la maladie qui le rend incapable des plaisirs mondains. Chez Montaigne, non seulement la vision surnaturelle et la pensée du salut sont absentes, mais l'idée qui domine Platon aussi bien que les docteurs chrétiens, le besoin d'une expiation n'existe pas. Pour un homme qui regrette que les médecins spirituels et les corporels, « comme par complot fait entre eux, ne trouvent aucune voie à la guérison, ni remède aux maladies du corps et de l'âme, que par le tourment,

---

1. *Eram residens in cellula, subieratque me illa quæ sæpius occupat cogitatio, spes futurorum, præsentumque fastidium, judicii metus, formido pænarum, et quod consequens erat et unde tota cogitatio descenderat, peccatorum meorum recordatio tristem me et confectum reddiderat.*

la douleur et la peine », il ne saurait être question de pénitence : aussi n'y en a-t-il pas trace dans les *Essais* et peut-on leur appliquer les expressions du juge le plus compétent et le plus illustre en matière de confession : *Non habent illæ paginæ vultum pietatis, lacrymas confessionis, spiritum contribulatum, cor contritum et humiliatum.* Le christianisme a bien des formes, mais pas une avec laquelle un tel état d'esprit puisse être concilié ; Montaigne ne répugne pas moins au peu que nous savons de l'enseignement de Jésus qu'à la doctrine de saint Augustin, pas moins aux Évangiles et à l'*Imitation* qu'à Bossuet ou à Calvin[1].

Plus rapproché des Stoïciens, il les combat pourtant sur des points essentiels : les « subtilités aiguës » de leur morale lui déplaisent. Il est surtout incapable de leur

---

1. Il va sans dire que l'idée d'effacer le péché par « les bonnes œuvres » ne vient pas à Montaigne. Je ne sais même pas s'il eût admis que ce qu'on appelle les bonnes œuvres mérite particulièrement ce nom. Il eut été capable de dire que ces œuvres ne sont pas les meilleures.

froide sagesse et ne l'admire pas sans réserves. Ils ont sans doute raison de dire que le sage ne doit pas se laisser fourvoyer par les passions ; mais il ne doit pas non plus, comme ils le veulent, se planter à la façon d'un colosse immobile et impassible. C'est une inhumaine sapience que celle qui condamne les voluptés naturelles et les plaisirs « dont il faut retenir l'usage avec nos dents et nos griffes ». L'idéal stoïcisme est trop rigide, l'ataraxie est une chimère et prête à la raillerie.

Les Épicuriens eux-mêmes font le chemin de la vertu trop âpre et trop épineux, contrarient trop nos instincts légitimes. Leurs chefs prêchent des actions hors des bornes naturelles, ne cèdent aucunement aux Stoïciens en rigueur d'opinions et de prétextes, parfois même sont encore plus exigeants. Un Stoïcien a renoncé à les suivre, les trouvant exagérés et incommodes. Épicure voulait nous détacher des biens de ce monde, sous prétexte de nous en faire jouir mieux : idée surprenante, qui n'était jamais venue à Montaigne et à laquelle il ne se fait pas.

A tout système de morale, sans exception, il reproche d'être un système, c'est-à-dire quelque chose d'artificiel, de factice. Les philosophes, qui, avec raison, nous renvoient aux règles naturelles, ont tous le tort de les falsifier, de nous présenter une nature sophistiquée, peinte, de la contrarier alors qu'ils prétendent lui obéir. « Le plus simplement se commettre à elle, c'est s'y commettre le plus sagement. » Ceux-là la connaissent mal, ne se conforment pas bien à elle, qui ne conservent pas l'homme tout entier, excluent les passions, ou se rongent intérieurement en tâchant de les contenir et de les comprimer, au lieu de les utiliser. Pour achever de se séparer des professeurs d'ascétisme, des pédants qui font les braves de leur âpreté, des docteurs que la scolastique rend tristes et sombres et qui peignent la sotte image d'une vertu querelleuse, Montaigne se jette à l'extrémité opposée : non, la vertu n'est pas, comme l'école l'enseigne, plantée à la tête d'un mont raboteux, elle est logée dans une belle plaine fertile et fleurissante, d'une pente facile et polie; non fantôme à étonner les gens, mais vertu triomphante, amoureuse, délicieuse, ennemi professe et irréconciliable d'aigreur, de déplaisir, de crainte et de contrainte; essentiellement gaie, folâtre, amie de la vie, de la beauté, de la gloire, de la santé, de la fortune. Elle ne prêche que fête et bon temps; sa plus expresse marque est une esjouissance constante. Elle devrait s'appeler plaisir plutôt que rigueur, plaisir parfait, plein de grâces et d'une volupté sérieuse. Ce mot de volupté que les gens austères n'entendent qu'à contre-cœur, Montaigne tient à leur en battre les oreilles : s'il signifie quelque suprême plaisir, c'est à la vertu qu'il est dû ; l'autre volupté, plus basse, indigne de ce beau nom, est assurément moins pure d'incommodités et de traverses.

Si l'on était tenté d'abuser de tout cela pour parler de sensualisme, de matérialisme, de relâchement, et pour conclure contre la morale de Montaigne, qu'on relise la page de l'*Avenir de la science* dans laquelle Renan veut, au nom du spiritualisme, ranger le plaisir parmi les choses sacrées. Montaigne ne proclame pas la souveraineté des appétits ; il ne leur cède pas à la façon de Panurge ; plus il accorde aux passions, et plus il sent la nécessité de les brider : « Que l'on se flatte et caresse », il l'approuve, le conseille, à une condition : « que surtout on se régente[1] ». Si par le mot nature on entend l'instinct aveugle, l'impulsion brutale, la passion désordonnée et tumultueuse,

---

1. Et encore : Les jeunes gens doivent être hardiment rendus capables d'excès, s'il est besoin, pourvu bien entendu, qu'on tienne « l'appétit et la volonté sans boucle ».

la bestialité, il ne saurait être question de se fier à elle. « La seule raison doit avoir la conduite de nos inclinations. » Mais pourquoi opposer la raison à la nature? Laissons cette manie aux gens qui croient à une corruption originelle, à une déchéance irréparable, et dont la raison fâcheuse, inepte, stupide, est une déraison. La vraie raison n'est-elle pas l'attribut qui caractérise éminemment l'homme, le trait distinctif et essentiel de son organisation, par conséquent « la vraie nature dont il faut quêter la piste difficile à discerner parce que nous l'avons confondue de traces artificielles »? La morale de Montaigne est engendrée « par la semence de la raison universelle empreinte en tout homme non dénaturé ». C'est par la nature que les règles de la raison sont « empreintes en nous.[1] ».

« Aller constamment après la raison »,

---

[1]. « Bien vivre, c'est vivre selon nature, entendant par nature la raison universelle qui luit en nous », dit Charron, dans une page où il reproduit en grande partie le texte analysé ci-dessus.

lui rendre « la souveraine maîtrise de l'âme et l'autorité de tenir en bride les appétits », dresser sa vie « à un train certain et assuré », à une fin déterminée et fixe, être réglé au dedans, se maintenir « en ordre jusqu'en son privé », voilà en quoi consiste « la vie exquise » pour laquelle Montaigne a fini par se passionner. Il s'est épris d'une certaine police qui, en toute la vie, fait reluire une égalité de mœurs imperturbable, une harmonie d'actes qui ne se dément jamais. Le besoin et le culte de la règle se sont emparés de lui, le dominent. Autant il regimbe contre une discipline arbitraire qui viendrait du dehors, autant il chérit celle qu'il puise en lui-même, celle qui lui enseigne à « faire bien l'homme », à mener l'humaine vie conformément à sa naturelle condition.

Le pire état de l'homme, c'est de perdre la connaissance et le gouvernement de soi ; or, pour pouvoir toute chose sur soi, pour former notre âme au train auquel nous voulons la ranger, il faut contraindre sa vie, s'exercer par expérience, avoir établi au dedans de soi un patron, et, selon que nous le suivons ou nous en écartons, tantôt nous caresser et tantôt nous châtier. On arrive ainsi à « une prud'homie qui a de quoi se soutenir indépendamment de toute crainte et espérance », qui n'a besoin d'autre approbation que celle qu'elle se donne à elle-même. Un ordre extérieur, imposé par autorité, par révélation surnaturelle, comporte une sanction ; un ordre émané de la nature n'en comporte pas. Les philosophes qui parlent de rémunération, ruinent la morale qu'ils prétendent édifier. Montaigne ne dit pas en termes exprès que chercher à une faute quelque punition autre que la faute même, c'est mettre le calcul à la place du devoir, et que réclamer un salaire pour une bonne action, c'est la dégrader, en faire une sorte de marché ; mais il montre admirablement qu'une règle conforme à la nature et dictée par la raison, peut et doit se passer de toute espèce de secours. Il faut suivre le droit chemin, « pour sa droiture », pour « le contentement qu'une conscience bien réglée reçoit en soi de bien faire », pour « la congratulation et la fierté généreuse qui accompagnent la bonne conscience ». La récompense des bonnes actions, le châtiment des mauvaises, est tout simplement de les avoir faites.

La vie ainsi comprise ressemble à une œuvre d'art à laquelle on se consacre, non en considération d'un bénéfice, mais par amour pour sa beauté seule, pour le plaisir désintéressé de la parfaire.

Cette morale qui fuit l'effort inhumain ou surhumain, semble facile; en réalité elle est plus difficile qu'aucune autre. Sitôt que Montaigne n'a plus à se débattre contre les détracteurs de la nature, contre les professeurs de pénitence ou d'ascétisme, il convient que bien vivre n'est pas chose aisée et que rien n'est si mal aisé que de très bien vivre :

« là même loge l'extrême degré de difficulté ». Nous avons encore plus de peine à brider nos passions qu'à les étouffer, et « l'usage conduit selon raison a plus d'âpreté que n'a l'abstinence... Le peuple se trompe : on va plus facilement par les bouts, où l'extrêmité sert de bornes, d'arrêt et de guide, que par la voie du milieu large et ouverte... Il n'est science si ardue que savoir vivre cette vie... La vertu refuse la facilité pour compagne ; cette douce, aisée et penchante voie n'est pas celle de la vraie vertu, qui demande un chemin âpre et épineux ».

De même que dès l'enfance il faut rompre le corps à la peine, raidir les muscles par des exercices qui le préparent à supporter toutes les épreuves imaginables, y compris la torture, il faut raidir l'âme, éveiller ses ressorts de manière à la rendre invincible. Cela ne se fait pas sans une application énergique et persévérante. Cette voie du milieu également éloignée de l'ascétisme et du dérèglement, conduit par des endroits sévères à des hauteurs inattendues.

Montaigne désapprouve nettement la distinction qu'on fait d'ordinaire entre l'honnête et l'utile : leurs prétendus conflits n'existent qu'en apparence ; au fond, en dernière analyse, notre intérêt se confond avec notre devoir. Toutefois, puisque le langage commun fait une différence, nommant déshonnêtes des actions naturelles, utiles ou indispensables, force est de s'y conformer. Il y a donc lieu de chercher le parti convenable à prendre quand l'honnêteté et ce qu'on appelle l'utilité ou l'intérêt nous sollicitent en sens contraires. Montaigne défend d'hésiter un seul instant, en aucun cas, sous aucun prétexte, quelque grand et respectable que soit l'intérêt en jeu. Bien des moralistes ont, avant et après lui, répété que la fin ne justifie pas les moyens ; il en est peu qui aient tiré de cette maxime les conséquences qu'il en déduit : « Ne craignez point d'estimer qu'il y a quelque chose d'illicite contre les ennemis mêmes et que toutes choses ne sont pas loisibles à un homme de bien pour le service de son roi ni de la cause générale et des lois »; on argumente mal de la beauté d'une action par les bienfaits qu'elle peut procurer; défions-nous des exemples dangereux, « des maladives exceptions » aux règles prescrites par la nature ou la raison. Les philosophes et les religions excusent et même permettent certaines infractions à la parole jurée ; leurs arguments pour faire prévaloir l'utilité sur la foi donnée, manquent de poids, « leurs raisons sont molles et fausses ». Par exemple, est-on obligé de respecter les conventions faites avec les hérétiques? L'Église catholique a admis la négative, et Brantôme raconte que, pour imiter saint Louis qui, lorsqu'il prenait des infidèles par composition, ne tenait pas sa parole, M. de Montpensier, ayant pris par honnête capitulation et sur sa foi le capitaine huguenot Desmarais, le fit exécuter aussitôt. Montaigne, au contraire, estimait que les engagements annulés par l'Église ou par un tribunal, n'en gardent pas moins toute leur force.

Bien plus : doit-on se croire lié par une promesse que la violence seule a arrachée? Tous les législateurs ont répondu : non. « Le nœud qui me tient par la loi de l'honnêteté, réplique Montaigne, me semble bien plus pressant que la contrainte civile ; on me garrotte plus doucement par un notaire que par moi : n'est-ce pas raison que ma conscience soit beaucoup plus engagée à ce en quoi on s'est simplement fié à elle?... Je suis délicat à l'observation de mes promesses jusqu'à la superstition. Des voleurs vous ont pris, ils vous ont remis en liberté, ayant tiré de vous serment du paiement de certaines sommes : on a tort de dire qu'un homme de bien sera quitte de sa foi sans payer. Il n'en est rien. Ce que la crainte m'a fait une fois vouloir, je suis tenu de le vouloir encore sans crainte. »

Nous ne sommes excusables de faillir à une promesse que si nous avons promis chose inique en soi. Même aux passe-temps les plus légers, la moindre supercherie répugne à Montaigne. Il trouve plus juste « de parler ainsi : pourquoi ne tromperait-il pas aux écus puisqu'il trompe aux épingles, que comme ils font : ce n'est qu'aux épingles, il n'aurait garde de le faire aux écus ». Il est si ennemi des actions subtiles et feintes qu'il les proscrit jusque dans les jeux; toute finesse récréative lui est odieuse, n'eût-elle d'ailleurs rien de répréhensible : « Si l'action n'est vicieuse, la route l'est. » De peur d'avoir à « se feindre », il évite autant que possible de recevoir la confidence d'un secret; il appréhende de se trouver exposé à désavouer sa science : il ne lui en coûte pas de la taire, mais la nier, il ne le saurait sans effort et déplaisir. Viendrait-il à bout de se résigner à mentir pour échapper à un danger extrême et imminent? Il en doute fort et si quelqu'un se trouvait, à qui nulle guérison semblât digne d'un aussi pesant remède, il l'approuverait : « Que lui est-il moins possible à faire que ce qu'il ne peut faire qu'aux dépens de sa foi et de son honneur, choses qui doivent lui être plus chères que son propre salut?... Nous ne sommes hommes et ne tenons les uns aux autres que par la parole ; si nous connaissions l'horreur et le poids de ce maudit vice, le mensonge, nous le poursuivrions à feu, plus justement que d'autres crimes. »

Il semble à Montaigne qu'aux entreprises toutes siennes, tout à fait libres et de nul poids, auxquelles personne n'est intéressé, s'il fait connaître ses intentions, il s'engage : l'annonce d'un projet lui pèse comme une obligation, attendu que « dire c'est promettre ». Il exagère sans doute, mais quel plaisir d'entendre exagérer ainsi! O la noble existence que celle qui se conformerait strictement à cet idéal d'entière et implacable probité, de loyauté un peu farouche! L'homme qui en donnerait l'exemple serait à compter parmi les bienfaiteurs de l'humanité. S'ordonner de conformer l'acte à la parole aussi bien dans les circonstances les plus périlleuses que dans les matières les plus indifférentes, ne rien taire de ce qu'on ose faire et ne rien faire que l'on n'ose avouer, trouver plus laid de cacher une action laide que de la commettre, éviter les « pensées impubliables », cela mènerait loin. Il a raison : la hardiesse de faillir est singulièrement bridée par la hardiesse de se confesser, et qui s'obligerait à dire tout, s'obligerait à ne faire, à ne penser rien de mal. Le premier trait de la corruption des mœurs, c'est le bannissement de la vérité; « l'être véritable est le commencement d'une grande vertu ». Un ancien Romain souhaitait d'habiter une maison de verre, et l'on a dit qu'un tel propos ne convenait qu'à un homme très digne d'estime. Ce n'est pas de l'estime seulement, c'est de l'admiration, que mériterait celui qui aurait l'âme assez pure pour y laisser lire, jusqu'au fond, à toute heure, sans en éprouver aucun embarras. Scrupuleusement observée, cette règle si simple, ne rien feindre et en toutes choses être parfaitement sincère et franc, outre qu'elle préserverait des actions mauvaises, produirait à l'occasion des actes héroïques; à certaines heures elle ferait des martyrs [1].

On connaît des morales plus sublimes que celle de Montaigne; d'autres sont plus tendres. En voit-on de plus saines? Et n'est-ce pas le point capital, essentiel? Montaigne ne prétend à rien au delà, ne tenant pas beaucoup à ce que l'âme soit très élévée ni

---

[1]. En même temps qu'une morale, elle fournirait la seule rhétorique qui ne soit pas vaine ou funeste. Point d'artifice, dire ce qu'on pense, exprimer ce qu'on sent, comme on le pense, comme on le sent, avec une fidélité scrupuleuse, sans ombre de grossissement ni d'embellissement, cela semble peu de chose; à cela pourtant se borne tout 'art d'écrire; et peut-être d'autres arts encore.

très riche, la voulant « seulement saine, mais certes d'une bien allègre et bien nette santé ».

# CHAPITRE XIII

#### JUSTE MILIEU

Lorsque les *Essais* parurent sous leur forme définitive, en 1588, Montaigne avait cinquante-cinq ans. Il sentait les approches de la vieillesse, ses forces commençaient à décliner, sa santé s'altérait : il était atteint de la pierre, maladie héréditaire dans sa famille et avait eu déjà plusieurs crises aiguës et dangereuses [1]. L'âge et la règle avaient calmé ses passions, amorti « les désirs et soins de quoi la vie est inquiétée, soin du cours du monde, soins des richesses,

---

1. Sainte-Beuve a dit en parlant du xviie siècle : « Cette maladie, la pierre, semblait alors bien plus effrayante qu'aujourd'hui à cause du seul genre d'opération qu'on pratiquât et qui était à peu près synonyme de mort. Bossuet, à qui on dissimula le plus longtemps possible la nature de son mal, ne fut pas à l'épreuve de l'effroi. »

de la grandeur, de la science, de la santé » ; la maladie et l'expérience lui faisaient leçon de froideur. Son livre contribuait aussi à l'apaiser : de la publication de ses mœurs, il tirait ce fruit inespéré, que pour ne pas démentir l'image de ses conditions, il se dressait et composait, s'appliquant à devenir de plus en plus tel qu'il se peignait. A force de vouloir être et de se dire modéré, exempt de trouble et d'agitation, éloigné de tout excès, il s'avançait, en effet, vers la paix et l'égalité de l'âme ; n'étant pas homme de juste milieu par tempérament, il travaillait à l'être « par discours », c'est-à-dire par raison.

Il ne l'était pas toujours autant qu'il s'en flattait : il le sentait si bien que parfois il se prétendait « envieilli, mais certes pas assagi d'un pouce ». C'était une exagération. Les progrès étaient incontestables : ainsi, il avait trouvé le moyen terme, le juste milieu entre le dogmatisme et le scepticisme. Il l'avait trouvé également en ce qui concerne l'argent, entre la prodigalité et la parcimonie : « Un bon démon » l'ayant décidé à un voyage de grande dépense, le goût d'un équipage honnête, l' « amour du faste » l'emporta sur la manie de l'épargne, et dès lors il vécut « au jour la journée, réglant sa dépense sur sa recette, sans souci de voir diminuer ou augmenter son bien et se gratifiant » de « cette correction » arrivée à l'âge où on est le plus enclin à l'avarice.

Mais que de cas où il restait, tout autant qu'en sa jeunesse, fougueux, intempérant, enclin aux partis extrêmes ! Il a beau répéter : épécho, je m'abstiens ; il a beau « adorer la juste mesure » et faire montre de sa balance, emblème d'impartialité et de sagesse prudente, à tout moment et à tout propos il oublie ses plans de modération. Les soins auxquels il reproche de le distraire de lui-même en l'attachant ailleurs, ont encore sur lui tant d'empire, que pour y résister il est réduit à employer toute sa force. S'il se fût abandonné aux affections dont il était capable, il aurait été brisé par elles, n'y aurait pas « duré »; il n'avait pas cessé d'être « trop tendre par nature ».

Horace et d'autres paraissent avoir chanté la tempérance et la médiocrité parce qu'ils en avaient vraiment le goût; Montaigne prêche la juste mesure avec d'autant plus de conviction qu'il se sent plus exposé à s'en écarter. Il y a même un contraste divertissant entre l'éloge qu'il en fait et les excès dont il continue à être coutumier. Ses progrès consistent plutôt à mieux sentir la nécessité de la modération qu'à s'être beaucoup avancé vers elle. Comme il y a des occasions où sa volonté se prend avec trop d'appétit, « pour échapper à des pertes sanglantes », il s'enfuit. Dans les conversations, par exemple, il évite autant que possible de se mêler aux propos qu'il ne saurait traiter sans trop d'émotion. « Je fais entier ce que je fais », dit-il. Il dédaigne de s'amender à demi : s'il a un escarpin de travers, il laisse également de travers sa chemise et sa cape : « Ou tout bien ou tout mal ». Volontiers il « jette le manche après la cognée », s'acharne au mal, s'obstine « vers l'empirement ». Une fois le pied sur une pente, impossible de s'arrêter. En toutes choses il aime à « aller à pleines voiles », à pousser toujours plus loin.

Il pouvait désormais gouverner mieux ses passions, surtout les mieux éviter : cependant elles gardaient « encore leurs entrées souvent âpres, et violentes, » et quand par malheur elles étaient éveillées, elles ne se laissaient guère brider. En dépit de la défiance qu'il avait de lui-même, craignant son allure partout et veillant sur elle, il était encore sujet à de grands accès de colère : sa seule ressource était de s'y « laisser aller le plus brièvement mais aussi le plus vivement possible ». Dans ce corps vieillissant, l'âme verdissait et fleurissait « comme le gui sur un arbre mort ». La gravelle a, disait-il, sur toutes autres maladies cet avantage, qu'au lieu d'assoupir, elle tient en éveil. Tandis que tant de gens s'étudiaient à élancer et guinder leur esprit, lui avait à « baisser et coucher » le sien « toujours vicieux en extension ». Il se sentait plus besoin de plomb que d'ailes.

Les courses qu'il venait de faire en Allemagne et en Italie semblaient avoir augmenté son aversion pour une vie casanière et pour les soins du ménage. Moins disposé que jamais à arrêter son esprit et son corps au même point, toujours épris du remuement et du changement, il aspirait comme Faust à une vie moins uniforme, moins languissante, sans cesse variée [1]. Le besoin de

---

1. *Ihn treibt die Gährung in die Ferne,
Er ist seiner Tollheit halb bewust :
Von Himmel fordert er die schönsten Sterne,
Und von Erde jede höchste Lust,
Und alle Nah'und alle Ferne
Befriedigt nicht die tiefbewegte Brust.*
Ce que Méphistophélès dit là de Faust est la traduction presque litté-

goûter jusqu'en ses derniers jours « une perpétuelle variété de formes de notre nature [1] », l'avidité de voir des choses nouvelles et inconnues, portaient « témoignage d'inquiétude », il en convenait et ajoutait : « Oui, je ne vois rien en songe et par souhait, où je me puisse tenir ; la seule variété me paie, et la diversité. »

Il se sent encore « fumer en l'âme parfois quelques tentations vers l'ambition », bien qu'il se « bande et obstine au contraire ». Toujours sociable jusqu'à l'excès, il tombe pourtant aussi dans l'excès opposé, celui de la sévérité et de l'humeur taciturne. Se laisse-t-il engager à quelque querelle, il se tient « trop ferme » dans son opinion ; une fois parti, il lui faut « aller ou crever ». Une dispute trouble l'exaspère ; l'ineptie l'offense

rale de ce que Montaigne dit de lui-même dans son livre III. Ceci également :

*Ihm hat das Schiksal einen Geist gegeben*
*Der ungebändigt immer vorwärts dringt,*
*Und dessen überciltes Streben*
*Der Erde Freuden überspringt.*

1. Voltaire exprime le même besoin presque dans les mêmes termes.

tellement qu'il rompt des marchés avantageux parce que l'impertinence de ceux avec qui il traite est insoutenable. Il ne supporte pas la sottise, se dépite « de l'assurance et esjouissance dont elle remplit ses hôtes ». Les fautes de ses gens ne l'émeuvent pas, mais leur bêtise et opiniâtreté font qu'il se prend « à la gorge avec eux tous les jours ».

Il n'a pas cessé d'être affecté de « mille agitations indiscrètes et casuelles », délicat « aux moindres piqûres ». Il ne se tourmente plus autant de ce qu'on peut dire de lui, mais il n'est pas si bien purgé de toute susceptibilité, que ses amis « n'en reconnaissent quelque teinture » en sa complexion. Les incidents les plus futiles, un bout d'étrivière battant sa jambe, une rêne de travers à son cheval, le tiennent en humeur tout un jour.

La plus grande partie du troisième livre des *Essais* témoigne de cette ardeur et de cette sensibilité sur lesquelles les ans n'avaient aucune prise. Ici, point de longueurs, rien d'inutile ni d'ennuyeux, pas un chapitre vide ou traînant, comme plusieurs de ceux qui sont au livre premier. Tout est animé, coloré, vibrant, plein de verve ; par moments nous sommes en pleine et grande poésie[1]. Bien des pages pourraient être citées à l'appui de ce qu'il dit de sa parole qui, vive et bruyante d'ordinaire, s'emporte facilement à l'hyperbole.

C'est là que, dans un chapitre où il s'agit de montrer comment, l'expérience venant en aide à la raison, nous pouvons acquérir les connaissances vraiment nécessaires, Montaigne, en haine de la science pédantique et et des gloses « qui augmentent l'ignorance », se met à vanter « l'ignorance et l'incuriosité, doux et mol chevet, et sain à reposer une tête bien faite », et se propose de tenir dorénavant école de bêtise.

[1]. Ce prosateur qui conseille de naturaliser l'art, est un poète idéaliste : il sait que les belles peintures sont conduites « non tant par dextérité de main, comme pour avoir l'objet plus vivement empreint dans l'âme ». C'est l'idée de Schiller : « *Dass er im innern Herzen spüret was er erschafft mit seiner Hand* ». Seulement le poète dit ici plus faiblement que le prosateur.

C'est là qu'en termes magnifiques, il célèbre la profession militaire et la présente comme la plus plaisante de toutes les occupations.

C'est là que tout à la fois il maudit les jeux de mains où, comme dans les tournois, on se tue en s'ébattant, et regrette les jeux du cirque : « C'était pourtant une belle chose !... [1]. »

C'est là que, non content de dédaigner la bonne estime du peuple, il la traite d'injurieuse.

C'est là que, pour remédier à l'écrivaillerie, « symptôme de débordement », il demande une loi contre elle, comme contre le vagabondage ; il propose « et ce n'est pas moquerie », de bannir les écrivains ineptes et ridicules, en commençant par lui-même.

C'est là que, dans un accès d'humeur contre les mauvaises lois, il dit qu'il n'est aucun homme de bien qui ne soit pendable

---

[1]. Déjà, au livre II, il avait excusé les combats de gladiateurs, « merveilleux exemple pour l'institution du peuple ».

dix fois en sa vie, tandis que tel pourrait ne jamais offenser les lois, que la philosophie « ferait fouetter très justement ».

C'est là qu'il veut fouetter aussi le jeune homme qui s'amuserait à choisir le vin et les sauces.

C'est là qu'il trouve qu'il y a vice ou folie à désirer le commandement de quelques-uns en l'état populaire, ou en la monarchie une autre forme de gouvernement.

Presque à chaque page, il manque ainsi de mesure. La tempérance qu'il prêche en la vie, fait singulièrement défaut en ses discours ; sur certains sujets, il conserve une discrétion louable, mais n'en garde pas trace lorsqu'il s'agit de ses appétits et besoins physiques. Aux amateurs de détails intimes, il en fournit plus qu'ils n'en ont besoin pour leurs dissertations psychologico-physiologiques. Il avait déjà un peu outrepassé les bornes prescrites par la bienséance, il n'en tient plus aucun compte.

Les modifications qu'il apporte aux deux premiers livres, sont de la même force que le troisième. En de très rares endroits il atténue ou modère son texte : il efface quelques traits durs pour les médecins ; il supprime le mot : tout galant homme doit mourir debout. Il avait préconisé « la simplesse qui nous achemine à n'avoir point de mal », il ajoute qu'il ne la faut pourtant pas « tellement plombée qu'elle soit du tout sans goût ; qui anéantirait la connaissance du mal, anéantirait l'homme ».

Mais, en général, les changements qu'il fait à sa rédaction première, au lieu de la tempérer, l'aggravent plus ou moins : ils ôtent souvent de la clarté, non de la chaleur, ils apportent une vie plus intense, un surcroît d'intérêt[1], de vigueur, d'éclat. Il renforce des paroles dans lesquelles il y avait déjà quelque exagération et y

---

1. Comparez le chapitre 3 du livre I, dans l'édition de 1580, avec ce même chapitre dans l'édition de 1588.

appuie au risque d'aller beaucoup au delà de sa pensée ordinaire, véritable. Pour ses affections comme pour ses aversions, pour la louange comme pour le blâme ou le mépris, là-même où il avait été vif, violent, il trouve moyen de l'être davantage, d'introduire des expressions plus énergiques, des formules d'une netteté, d'une brièveté saisissantes.

Le beau passage sur l'honneur qui consiste à combattre et non pas à battre, sur les pertes triomphantes à l'égal des plus belles victoires ; le charmant éloge de la poésie, « la bonne, la vraie, celle qui est au-dessus des règles et de la raison » ; l'invective contre les échecs, amusement puéril, niais, ridicule. auquel il est honteux de s'ébattre ; la page sur l'horreur et le poids du mensonge et la peine du feu qu'il mérite, sont des additions. De même les imprécations contre la stupidité bestiale et l'ânerie funeste de ses contemporains, l'abjecte et servile prostitution dont ils font preuve dans leurs lettres, les crimes des conquérants de l'Amérique, la science livresque « un peu plus insupportable que la bêtise ».

A la place de : « Plutarque se fût offensé de ceux qui font l'honneur, la fin de toutes actions vertueuses », il met : « Sottes gens ! Caton eût bien fait une action généreuse et juste plutôt avec ignominie que pour la gloire [1]. »

Une diatribe contre la science est enrichie de cette ligne finale : « Il n'y a point de science. »

Il avait dit que pour avoir un homme sain, il fallait commencer par l'affubler de ténèbres, d'oisiveté et de pesanteur. Le paradoxe ne lui semble plus assez énorme ; il y insiste : « Il nous faut abêtir pour nous assagir et nous éblouir pour nous guider. »

Il avait dit : « Aucune éminente et gail-

---

1. Au même endroit il ajoute qu'il vaudrait mieux hausser les belles actions que de les détracter et qu'il ne serait pas messéant d'être transporté par la passion pour elles.

larde vertu sans quelque agitation déréglée.

Il développe cela en une page où l'on voit que nous devenons vertueux par la dislocation que les passions apportent à notre raison, et que notre sagesse est moins sage que la folie.

D'autres additions moins graves sont peut-être plus étranges ; quelques-unes sont absurdes, comparables aux plus fatigantes énumérations du *Pantagruel* ; pour montrer tout ce qu'on peut signifier avec les mains, il entasse à la file quarante-sept verbes. Dans un morceau sur l'infinie variété qu'il y a en l'espèce humaine, il intercale ceci : « Il y a des contrées où les hommes naissent sans tête, portant les yeux et la bouche dans la poitrine ; où ils n'ont qu'un œil au front ; où ils sont moitié poissons par en bas... » Il termine l'énumération par ceux qui « naturellement se changent en loups, en juments ».

Et il trouvait que tout cela n'était pas

assez! S'il avait achevé l'édition qu'il préparait en ses dernières années, nous y verrions probablement des choses encore plus surprenantes, à en juger par certains échantillons que nous connaissons. En 1588, il avait introduit dans le chapitre de l'*Institution des enfants* un paragraphe pour dire que si un élève préfère une fable au récit d'un beau voyage ou d'un sage propos, le jeu des bateleurs ou le bal aux exercices militaires, il n'est bon qu'à être mis pâtissier en quelque bonne ville. En se relisant, il écrivit à la marge : « Que de bonne heure son gouverneur l'étrangle s'il est sans témoin [1]. »

Ne reprochons pas à Montaigne d'accumuler ainsi les exagérations ; réjouissons-nous plutôt de cette verve croissante. Certes il ne faut pas médire du juste milieu, comme

1. Le passage sur l' « horrible impudence » des Ligueurs, n'est pas dans l'édition de 1588 ; il n'a paru qu'en 1595. — Un peu après le début du chapitre 38 du livre II, à l'endroit où il s'agit de la contenance que la philosophie nous impose dans les maux, le texte de 1595 est bien plus vif, plus pittoresque, plus incisif que celui auquel il est substitué. — Comme exemple de progrès tardif, notez l'éloge de La Noue : ce chef protestant n'était pas, en 1588, inscrit parmi les modèles de grandeur peu commune.

La Rochefoucauld [1], ni même avoir l'air d'en faire peu de cas ; cela ne convient qu'à la sottise ou au fanatisme et est interdit également par le bon sens et par la prudence. Le juste milieu est un but d'autant meilleur qu'il est plus éloigné et plus difficile à atteindre; si l'on y arrivait, surtout si on réussissait à s'y tenir et à s'y établir définitivement, peut-être le trouverait-on, à la longue, bien terne, bien prosaïque, bien stérile. Une modération imperturbable, une impartialité qui ne coûterait aucun effort et ne se démentirait jamais, se rapprocheraient trop de l'indifférence et de l'inertie; un être incapable de tout excès, soustrait à toute espèce d'agitation ressemblerait à une momie. Qui veut faire l'ange, fait la bête; celui-là ne la ferait-il pas aussi, qui végéterait sans élans, sans enthousiasme, ne dépasse-

---

[1]. « La modération est la langueur et la paresse de l'âme ». Il avait mis d'abord ceci, qui valait mieux : « On peut dire, à l'égard de la plupart des hommes, que la modération est une bassesse de l'âme. »

rait jamais les bornes prescrites par la raison, et, comme le Wagner de Gœthe, n'aurait jamais envié les ailes de l'oiseau ? Quand les philosophes ou les poètes célèbrent le juste milieu, le parfait équilibre, l'heureuse médiocrité, nous pouvons applaudir sans inquiétude : ils ne seront pas de sitôt assez écoutés pour devenir dangereux. Mais si le genre humain, tout à coup converti, se mettait à vivre conformément à cette sagesse, toute activité féconde serait bientôt amoindrie, sinon tarie, les grandes entreprises risqueraient fort de ne plus rencontrer d'amateurs, les longs espoirs paraîtraient imprudents ou trop ambitieux, même pour la jeunesse, et les hommes s'endormiraient dans l'ornière, mesurant leurs travaux à leurs besoins désormais bien modestes.

Montaigne parle admirablement d'une vertu si entière qu'elle ne connaîtrait pas de chutes, pas de défaillances ni même d'efforts, il se garde bien d'y prétendre ou de

nous y exhorter ; il avoue qu'il faut avoir
« un peu de folie », si l'on ne veut avoir
« plus de sottise ». Il conseille aux jeunes
gens certains excès, afin d'éveiller leur
vigueur et de l'empêcher « de se moisir et
apoltronniser ». Mieux vaut, en effet, avancer, au risque d'errer ou de tomber, que de
s'engourdir en piétinant sur place, en imitant « l'indolence d'Épicure ». Se régler en
conservant l'élan qui emporte au delà de la
règle, chercher l'équilibre sans rigidité,
en restant souple et tellement vivant que
des écarts sont possibles, aller toujours vers
le juste milieu, mais ne jamais s'y immobiliser et peut-être n'y parvenir jamais, n'est-ce pas là tout ce qui nous est permis ? N'en
demandons pas davantage, du moins jusqu'à
l'avènement d'un nouvel ordre de choses.
On veut arriver ; on ne songe pas qu'un
homme arrivé serait un homme fini, ou ne
serait plus un homme. La pleine sagesse,
comme le bonheur, est un idéal aussi inac-

cessible que les horizons bleus qui reculent à mesure que nous avançons. La vraie façon d'être sages, la seule à notre portée, c'est de travailler à le devenir.

Nous n'aimons tant Montaigne que parce qu'il n'est qu'à moitié l'homme qu'il veut être et qu'il annonce. S'il avait, dès sa retraite, trouvé et gardé son *ariston metron*, il nous attirerait moins, ne nous retiendrait guère. Heureusement, il fut toujours passionné, enthousiaste, sujet à des emportements et des ravissements superbes, il eut jusqu'à la fin de sa vie besoin de se régler, de se contenir, de se donner un frein; l'effort même qu'il faisait pour se dompter renouvelait son ardeur. Tel un brasier inextinguible, d'où la flamme jaillit plus brillante à travers la cendre dont on le couvre.

# CHAPITRE XIV

LA CONCLUSION DES *Essais*

Les *Essais* comportent-ils une conclusion? Montaigne a-t-il voulu en faire une?

Il savait à l'occasion changer l'ordre de ses chapitres. Il n'était pas sans quelque souci de l'effet que ses écrits produiraient sur les lecteurs auxquels il les destinait. Est-ce par hasard, par « sort artiste », que les pages qui terminent son livre se trouvent à cette place?

Quoiqu'il en soit, la façon dont le dernier chapitre s'achève, est digne de remarque. Cette fin est écrite « près de six ans après le cinquantième », par conséquent à la veille de la publication; c'est bien le dernier mot de Montaigne.

Nulle part il n'a mis plus de chaleur, plus de verve et plus d'éclat, et jamais peut-être il n'avait encore atteint à une si belle sérénité.

En commençant ce chapitre, il est revenu un instant sur les défaillances de la raison et sur les vices inhérents à nos expériences; cependant, dès la première ligne, la portée de ces réflexions un peu chagrines est singulièrement atténuée : « La vérité est chose si grande que nous ne devons dédaigner aucune entremise qui nous y conduise. » Qu'après cela vienne l'éloge de l'incuriosité, cet éloge n'est qu'une dernière protestation contre les disputes de mots, bonnes uniquement à embrouiller les choses, et contre les sophismes de la philosophie.

A la fin, plus trace de scepticisme ni de pessimisme; un mot de regret : « Si on m'eût mis au propre des grands maniements, j'eusse montré ce que je savais faire! » mais ce soupir est aussitôt étouffé : « Avez-vous su manier votre vie? Vous avez fait la plus grande besogne de toutes, votre office, le grand et glorieux chef-d'œuvre : composer vos mœurs, gagner, non pas des batailles, mais l'ordre et la tranquillité de votre conduite ».

Montaigne a là des accents lyriques qui, rapprochés les uns des autres, font une sorte d'hymne enthousiaste à la nature et à la vie. Il respecte fort les personnages vénérables qui, par ardeur de dévotion et religion, s'élèvent à une constante et consciencieuse méditation des choses divines, et qui préoccupant par l'effort d'une vive et véhémente espérance, l'usage de la nourriture éternelle, but final et dernier arrêt des chrétiens désirs, seul plaisir incorruptible, dédaignent nos nécessiteuses commodités fluides et ambiguës; mais ces magnifiques paroles ne lui sont qu'un prétexte pour mieux marquer qu'il ne fait pas partie des êtres privilégiés auxquels il rend ainsi un hommage un peu ironique. Il ne les a d'ailleurs jamais rencontrés et se défie de leurs hauteurs (ou humeurs?) transcendantes : « Entre nous, ce sont choses que j'ai toujours vues de singulier accord, les opinions supercélestes et les mœurs souterraines... Ils veulent se mettre hors d'eux et échapper à l'homme, c'est folie : au lieu de se transformer en anges, ils se transforment en bêtes. »

Nature est un doux guide, et juste, et prudent. Pour vivre selon elle, loin de dénouer en divorce un bâtiment tissu d'une fraternelle concordance, renouons-le par de mutuels offices; que l'esprit éveille la pesanteur du corps, que le corps arrête la légèreté de l'esprit... Détestons l'inhumaine Sapience qui nous veut rendre dédaigneux et ennemis de la culture du corps. On ne doit pas prendre trop à cœur les voluptés naturelles, on ne doit pas non plus les prendre trop à contre-cœur. Il est fort peu d'exemples bien avérés d'une vie pleine et pure, ceux qu'on nous propose d'ordinaire sont insipides et manqués, corrupteurs plutôt que correcteurs. La grandeur d'âme ne consiste pas à tirer à mont et en avant : prenons garde de nous égarer dans des régions effrayantes, ayons pour modèle Socrate, chez qui se trouve le véritable tempérament [1]. Rien de si beau et de si légitime que de faire comme lui « bien l'homme et dûment », de « bien et naturellement vivre cette vie »; de nos maladies « la plus sauvage, c'est mépriser notre être : qui veut écarter son âme, le fasse hardiment, s'il peut, lorsque le corps se porte mal, pour la décharger de la contagion; ailleurs, au contraire, qu'elle l'assiste et ne refuse point de participer à ses naturels plaisirs ». La perfection est de « savoir jouir loyalement de son être; les plus belles vies sont celles qui se rangent au modèle humain, avec ordre, sans miracle et sans extravagance ».

1. Notez pourtant dans cet éloge une restriction légère, mais bien significative, qui est mentionnée ci-dessus page 75.

Montaigne ne se sépare pas moins nettement des gens qui ne songent qu'à passer, à tuer le temps, et qui, ne sachant que faire de la vie, prennent parti de « la couler et échapper, de la gauchir, et, autant qu'il est en eux, ignorer et fuir comme chose de qualité ennuyeuse ». Il la connaît autre, et en dépit des ans, de la maladie et de son cortège de douleurs, la trouve à tout prendre, « prisable et commode »; il en jouit au double des autres, « car la jouissance dépend du plus ou moins d'application que nous y prêtons », il la savoure, l'aime, la cultive, telle qu'elle nous est octroyée par Dieu qui, « tout bon, a fait tout bon ».

En 1580, les derniers mots du livre avaient été pour insister sur la diversité et la discordance des opinions humaines; en 1588, ils expriment le calme contentement d'une conviction ferme. L'étude de l'homme, qui si souvent engendre la mélancolie et le découragement, a bien pu troubler Montaigne pendant plusieurs années ; il en est sorti fortifié et allègre. Au terme de son libre examen et de ses longues agitations, affirmant avec énergie la dignité de la condition humaine et la douceur d'une existence réglée conformément à la nature, il aboutit à l'optimisme, et sa foi triomphante a une éloquence qui la rend contagieuse. « L'âme pleine de satisfaction et de fête, logée en tel point que, où qu'elle jette sa vue, le ciel est calme autour d'elle, nul désir ou crainte, ou doute qui lui trouble l'air [1] », Montaigne s'arrête en répétant l'invocation du poète antique au dieu de la lyre, protecteur de santé et de sagesse gaie et sociable.

Un grand poète a cru que l'esprit moderne condamnait au désespoir et lui a imputé le suicide de Rolla. Bien au contraire, à l'heure où le pessimisme semble envahir le monde, seuls les fils de Rabelais et de

---

[1]. « Rien ne trouble sa fin, c'est le soir d'un beau jour. » La Fontaine pensait-il à Montaigne ?

Montaigne n'en sont point atteints. Il est vrai que nous nous faisons de la destinée humaine une idée que n'avaient pas nos immortels aïeux. En avançant dans la voie qu'ils nous ont frayée, nous avons vu ce qu'ils ne paraissent pas avoir soupçonné [1]; par-delà l'horizon qui bornait leur regards, d'immenses perspectives se sont déroulées ; la vision d'un âge meilleur, la croyance au progrès, nous fortifient et nous aiguillonnent, nous aimons à penser qu'il appartient au plus humble d'entre nous, de coopérer à l'œuvre sublime par laquelle le monde sera transformé, religion nouvelle qui donne à la vie un prix ignoré par les hommes de la Renaissance.

Jouissons comme il convient de cet espoir ; qu'il exalte nos courages et emplisse nos

---

1. En quelques endroits Montaigne admet un certain progrès : « Ayant essayé par expérience ce à quoi l'un s'était failli, l'autre y est arrivé, et ce qui était inconnu à un siècle, le siècle suivant l'a éclairci, et c'est ainsi que les arts et les sciences se forment peu à peu. » Rabelais paraît avoir rêvé quelque chose de plus, mais cela même doit-il être pris pour une ébauche de la foi moderne ?

âmes de généreuses ambitions, mais que la carrière magnifique qui s'étend devant nous à perte de vue, ne nous rende pas dédaigneux du cercle plus restreint dont Montaigne a su se contenter. Si jamais, comme le veulent les amateurs de mysticisme, les dévots des anciens cultes et les sceptiques ligués contre nous, il était démontré que nos rêves sont aussi vains que splendides, que nous sommes dupes d'un mirage, et qu'il faut nous résigner à la banqueroute de la science, nous n'irions pas nous réfugier au pied des autels vermoulus où l'on nous convie. La tour de Montaigne est solidement assise sur le roc. Elle nous offrirait un asile inexpugnable et charmant. L'air qu'on y respire, les leçons dont on y entend l'écho, nous auraient bientôt redressés, rassérénés et réconciliés avec l'humaine condition.

# CHAPITRE XV

### LES EMPRUNTS

L'assistance des Grecs et des Latins ne fut sans doute pas inutile à Montaigne pour accomplir l'évolution qui l'amena, du point où il était vers l'âge de trente ans, à celui où il arrivait lorsqu'il termina les *Essais*. Mais gardons-nous de surfaire le secours qu'il trouva dans ses livres.

Il use de l'Écriture sainte et des Pères de l'Église tout juste assez pour ne pas paraître les ignorer. Il a lu quelques écrivains du moyen âge, Joinville entre autres; il s'en souvient rarement. Au contraire, il est plein de l'antiquité profane : si l'on retranchait tout ce qu'elle lui a fourni, les *Essais* se trouveraient fort abrégés, de nombreux chapitres n'auraient plus qu'un petit nombre de lignes et quelques-uns disparaîtraient complètement. La place faite aux Grecs et aux Latins, les louanges magnifiques que Montaigne leur donne, le parti qu'il tire d'eux, peuvent faire illusion : en voyant comme il se peint faible et chétif, pesant et endormi, comme il se fait pitié ou dédain à lui-même lorsqu'il se compare aux anciens, on peut se demander s'il ne leur a pas pris, au moins en grande partie, le meilleur de son fond. Après avoir rendu grâces à Amyot pour sa traduction de Plutarque, il s'écrie : « Nous autres ignorants étions perdus si ce livre ne nous eût tirés du bourbier. » Ce n'est pas le seul endroit où il en parle comme d'une sorte de bréviaire ; mais ici il a, de plus, l'air de lui attribuer son salut, il semble que cette lecture a décidé sa conversion.

La pieuse reconnaissance que nous gardons pour la Grèce et pour Rome, n'interdit pas de protester contre des hommages aussi humbles. La Renaissance, incontestablement parente de l'antiquité classique, n'en est pas issue : elle a sa source ailleurs. Elle a recueilli l'héritage des Grecs et des Latins, elle n'est pas leur fille. Leurs ouvrages l'ont servie, et peut-être eut-elle été plus tardive, plus difficile sans eux ; ils ne l'ont point causée. Michel-Ange n'était pas autant qu'il le disait, l'élève du torse d'Hercule et Machiavel était trop modeste en écrivant à Francesco Vittori que le livre *du prince* lui avait été inspiré par les grands écrivains païens, était le fruit de son commerce avec eux.

Si le génie antique possédait vraiment la vertu salutaire que Montaigne lui attribue, l'humanité n'aurait pas traversé le moyen âge. Les lettres étaient dans toute leur splendeur au temps où le christianisme se forma ; beaucoup de Pères de l'Église en étaient imbus comme saint Justin et saint Basile. Saint Jérôme se reprochait d'avoir trop lu les païens, saint Augustin avait été converti par eux à la philosophie. Jamais ils ne furent oubliés ou négligés. De même qu'on a reconnu que le droit romain n'avait pas été retrouvé à la prise d'Amalfi, on a fini par savoir que la prise de Constantinople n'avait pas enrichi l'Occident autant qu'on l'imaginait.

Gargantua faisait erreur : les Goths n'ont pas anéanti toute bonne littérature et les lettres avaient recouvré leur dignité bien avant son temps. Jusque vers le viie siècle des paroles sévères furent prononcées contre elles et il n'est que trop vrai que les chrétiens, plus malfaisants que les Barbares, ainsi que Montaigne le savait bien [1], détruisirent volontiers les chefs-d'œuvre

---

1. Il estime que « le zèle qui arma contre les livres païens, porta plus de nuisance aux lettres que tous les feux des Barbares ». Il remarque en particulier que, des innombrables exemplaires de Tacite répandus dans l'empire, pas un seul n'échappa entier « à la curieuse recherche de ceux qui désiraient l'abolir pour cinq ou six clauses contraires à leur créance. »

les plus précieux ; le pape Grégoire-le-Grand s'est illustré par des ruines déplorables. Mais cette persécution se calma dès que le triomphe du catholicisme parut complet et définitif. La dévotion cessa de fournir des arguments pour excuser ou pour approuver les solécismes : au xiie siècle, saint Bernard se nourrissait de Sénèque autant que de saint Jérôme, les études étaient reprises avec un zèle admirable ; elles n'émancipèrent en aucune façon ceux qui s'adonnaient à elles. Le savant auteur de l'*Histoire ecclésiastique*, l'abbé Fleury, a attribué à leur décadence, « plutôt qu'au naturel », les défauts de Grégoire de Tours et des chroniqueurs qui vinrent après lui : « Autrement, ajoutait-il, il faudrait dire que pendant plusieurs siècles il ne serait presque pas né d'homme qui eût un sens droit et un jugement exact. » Fleury se trompait : le mal du moyen âge n'était point du tout l'ignorance, le défaut de culture et d'érudition ; c'était le défaut de critique, l'absence de personnalité et d'originalité, la servilité des esprits. Les bons livres, moins rares que Rabelais ne l'a cru, étaient lus assidûment, mais avec une préoccupation qui en rendait la lecture stérile. Les lettres antiques sont un instrument incomparable, propre aux fins les plus diverses ; elles peuvent être employées aussi bien à étouffer les intelligences qu'à les affranchir : Aristote servit à forger un joug non moins funeste que celui de la théologie. En plein XVI° siècle, « insinuée par longue trainée de temps », l'autorité des anciens contribuait grandement, ainsi que l'écrivait Étienne Pasquier, à maintenir les gens dans l'ornière ; c'est même alors, selon Renan, que l'Université de Paris atteignit le dernier degré du ridicule et de l'odieux par sa sottise et son intolérance. Les Jésuites ont enseigné dans leur *ratio studiorum* l'art de transformer les païens en « hérauts de la bonne nouvelle ».

A la vérité quelques calvinistes ont dit avec Regnier de la Planche que les bonnes lettres s'étaient tournées « aux esprits malins et curieux, en occasion de toute méchanceté », mais en général leurs coreligionnaires n'ont eu que des louanges pour une étude qui avait préparé les voies et fourni des armes à la Réforme. Les biens ecclésiastiques furent affectés par les disciples de Zwingli à fonder des chaires pour expliquer les auteurs païens ; dans presque toutes les villes protestantes les hommes les plus hardis contre Rome, demeurèrent timidement asservis à Aristote et interdirent à Ramus de professer dans leurs collèges.

A l'heure même où Montaigne publiait les *Essais*, La Noue écrivait que la connaissance des lettres antiques entretenait les chimères et les folies du moyen âge. Au XVIIe siècle, le respect de l'antiquité ne permettait pas d'avancer des nouveautés, le texte d'un auteur suffisait « pour détruire les plus fortes raisons ; on fait un crime de contredire les anciens, disait Pascal, et un attentat d'y ajouter ». Un siècle et demi après, gêné par les Grecs, Lavoisier craignait que « le poids de l'autorité de ces pères de la philosophie » ne se fît encore sentir et ne pesât longtemps sur les générations à venir.

Montaigne n'a pas été émancipé par eux. Leurs écrits, « ceux qui sont suffisamment pleins et solides », le tentent et le remuent; cependant il ne partage pas l'engouement de ses contemporains. Il estime qu'on achète le grec et le latin trop cher, aime bien les bonnes lettres, mais ne les adore pas comme faisait son père, les honore mais ne se courbe pas sous leur autorité « comme tant de gens dressés à la quête et à l'emprunt, à se servir de l'autrui plus que du leur ». [1]. Il juge avec une pleine indépen-

---

[1]. Il est remarquable qu'en un temps où le latin était si généralement employé, Montaigne dont c'était « la langue maternelle », ne s'en servit plus que sous le coup d'émotions violentes et ait écrit

dance, parfois avec une sorte d'irrévérence ironique, les auteurs qu'il déclare les plus sensés et les plus sages : « Voyez, autour d'un bon argument, combien ils en sèment d'autres légers, dit-il; ce ne sont qu'arguties verbales qui nous trompent. » Et à l'appui, c'est chez Sénèque, un de ses deux grands favoris, qu'il va prendre des exemples.

Il s'étonne du crédit accordé à Homère, se moque de la manie qui pousse à chercher des secours pour toutes les causes dans *l'Iliade* ou dans *l'Odyssée*. S'il est platonicien « par certains côtés », il l'était déjà avant de savoir qu'il y a un Platon au monde, et, par d'autres côtés, il ne l'est aucunement. Il trouve Cicéron dont ses contemporains étaient si engoués, souvent ennuyeux et vide ; en toute une heure employée à le lire, il n'y rencontre guère que du

en français. N'y a-t-il pas là un symptôme du grand refroidissement qu'Étienne Pasquier observait un peu plus tard dans la dévotion envers la langue latine, et qui lui faisait appréhender un retour de l'ancienne barbarie ?

vent. Quant à Aristote « monarque de la doctrine », il n'a jamais consenti à se « ronger les ongles à son étude ».

Il n'a pas lu Plutarque dans le texte grec, et ne jouit de lui que depuis qu'Amyot l'a rendu français. Or la traduction des *Vies* ne parut qu'en 1559, celle des *Œuvres morales* en 1574, et ce sont les *Œuvres morales* surtout qu'il préconise ; jeune il n'avait pu s'en nourrir [1], et quand il les eut, à plus de quarante ans, bien des mois après avoir commencé les *Essais*, qu'y a-t-il pris ? Comparez ses opinions avec celles de Plutarque : les divergences sont profondes, les dissentiments incurables. Ce n'est pas Plutarque qui lui a enseigné à se dégager de toute superstition, à se préserver du mysticisme ; lisez à la fin du traité *sur les délais de la justice divine*, les douze pages concernant l'état des âmes après la

---

1. La Boétie avait traduit quelques-unes des *Œuvres morales* et Montaigne a publié ces traductions ; s'il en avait tiré le moindre profit, il n'eût pas manqué d'en faire honneur à son ami.

mort : la vision de Thespésius fait penser à celles du moyen âge. Plutarque passe pour avoir le don de faire des républicains ; il n'a pas empêché Montaigne d'être un monarchiste convaincu, fervent au point de renoncer à publier le livre de son ami. Je ne vois pas que Montaigne ait rien dit des subtilités, des arguments creux et puérils, des divagations qui abondent dans les *Œuvres morales*, mais il ne pouvait pas les juger moins durement que les choses toutes pareilles qui le rebutaient chez Platon.

Ses éditeurs se sont donné bien du mal pour indiquer où il a pris les textes qu'il transcrit ou traduit; il eût été plus utile de marquer les endroits où il s'écarte de ses prétendus guides, donne un démenti catégorique aux maîtres pour lesquels il professe le plus d'admiration et ruine les autorités qu'il invoque.

Après avoir approuvé les fameuses leçons sur la mort, but de la vie, épreuve décisive de la force d'âme, il les a décidément répudiées ; les *Tusculanes* et tous les discours pareils qui promettent une autre existence, ne lui seront d'aucun secours à la dernière heure, il ne mourra pas plus allégrement pour les avoir connus, ils ont enrichi sa langue, non son courage. Nous avons vu ses objections aux systèmes de morale professés dans les écoles qui lui étaient les plus sympathiques. De toutes les opinions qui ont eu cours dans l'antiquité « sur l'homme en gros », il avait surtout embrassé « celles qui nous méprisent, avilissent et anéantissent le plus », mais il n'y est pas resté attaché et il finit par en adopter de bien différentes. A la fin de son chapitre sur l'amitié, il cite les anciens pour dire que leurs sentiments en cette matière, comparés aux siens, lui paraissent froids et lâches.

Sénèque avait condamné énergiquement les combats de gladiateurs ; Pline avait montré que les jeux du cirque corrompaient les mœurs, et rapporté que dans le conseil de Trajan les hommes les plus honnêtes proposaient d'interdire ces fêtes malsaines. Montaigne avait très probablement lu les lettres où cela se trouve et dont l'une est fort célèbre. Il ne s'en souvient pas plus que du fameux récit de saint Augustin; il regrette ces jeux et ces combats et en tire un argument à l'appui de la supériorité qu'il attribue anx siècles antiques sur les âges plus récents.

Il ne paraît pas se souvenir davantage de certains morceaux qui auraient dû le frapper. Il reproche aux philosophes d'avoir enseigné constamment que l'univers a été fabriqué pour l'homme, comme s'il ignorait que le contraire avait été dit par Sénèque avec une grande éloquence ; ce ne sont pas les *Épîtres à Lucilius* ni les *Quæstiones naturales*, c'est la Chine, ce sont surtout ses réflexions propres qui lui apprennent que le monde, bien plus ample et plus divers que les anciens ne l'imaginaient, ne peut point avoir pour but le service mesquin de l'humanité.

Les témoignages imprimés, les exemples étrangers, quelle que soit l'autorité de l'auteur qui les a enregistrés, ne valent pas à ses yeux les exemples intimes et domestiques. Un ami qui raconte ce qu'il a vu, lui inspire au moins autant de confiance qu'Aulu-Gelle ou Macrobe qui racontent ce qu'on leur a raconté.

Les emprunts qu'il fait à l'antiquité sont, en très grande partie, des concessions au goût de son temps, à « la fantaisie du siècle »; la mode du jour les exige. « Nos aïeux, dit La Fontaine, étaient de bonnes gens qui d'érudition ne pouvaient se passer [1]. » Montaigne n'éprouvait pas ce besoin; s'il s'en était cru, il aurait, le plus souvent, parlé « tout fin seul ». Il ne prévoyait guère que

---

1. Voyez ce que Cervantès dit là-dessus dans la préface de Don Quichotte. — La Fontaine ajoute qu'au XVIIe siècle l'emploi des citations n'est plus à la mode et est même devenu un défaut. Nous voyons pourtant Retz, à court de textes, en fabriquer un « du latin le plus approchant aux anciens » qui se trouvât en son pouvoir.

par la suite on le traiterait de pédant; il craignait le reproche d'avoir « seulement fait un bouquet de fleurs étrangères », n'y fournissant du sien « que le fil à les lier [1] ». Mais on trouvait que dans ses premiers livres il n'avait pas fait assez de citations; cédant aux « exhortations d'autrui », il s'en chargea « de plus fort tous les jours », au rebours de son dessein, contre sa proposition et sa forme premières, et dans son dernier livre il donna du latin « parce que l'autorité pèse plus en langage pérégrin ».

D'autres citations sont des précautions prudentes : il met certaines choses sous le couvert d'auteurs célèbres pour empêcher que l'on n'impute proprement à l'auteur des *Essais* ce qu'il fait dire « aux autorités reçues et approuvées ». Il espère aussi par là tenir en bride les gens trop prompts à censurer les écrits en langue vulgaire.

---

1. Il dit : « Certes, j'ai donné à l'opinion publique que ces parements empruntés m'accompagnent, mais je n'entends pas qu'ils me couvrent ni qu'ils me cachent. »

Il puise donc sans cesse chez ses auteurs, surtout chez Plutarque et Sénèque, les seuls livres solides, dit-il, avec lesquels il ait « dressé commerce », pour en attacher à son papier quelque chose ; à soi, « si peu que rien ». Son bagage très encombrant ne le gêne guère, ses livres lui servent d'exercitation bien plus que d'instruction, ne l'asservissent aucunement, l'aident, non pas à former ses opinions, mais à les assister déjà formées, à les seconder et appuyer. Il trouve dans ses lectures de quoi rehausser et fortifier son discours, elles ne l'inspirent pas, l'invention vient toujours de lui. Il ne cite que pour dire ce qu'il a en tête [1] et cela est souvent fort différent de ce qu'il fait signifier à ses auteurs : il force, parfois même dénature complètement leur sens, les découpe et les arrange de façon à ce qu'ils expriment autre chose ou tout le contraire de ce qu'ils ont voulu ; aussi s'at-

---

1. « Je ne dis les autres que pour d'autant me dire moi-même. »

tend-il à ce qu'on lui reproche que c'est « faute d'avoir entendu leur naturel usage ».

Ses livres lui ont d'ailleurs rendu plus d'un mauvais service. S'il y a trouvé quelques richesses, il y a pris aussi de pitoyables objections contre la science, il a adopté de trop nombreuses sottises d'Hérodote, de Pline, de Plutarque ; preuve de plus que l'antiquité peut aussi bien pervertir les esprits que les assainir.

Le savant et judicieux Gibbon qui fut un des premiers à remarquer que l'étude des lettres antiques ne datait pas de la prise de Constantinople, s'étonnait qu'elle n'eût pas été plus fructueuse. Il a constaté qu'elle retarda plutôt qu'elle ne précipita le développement intellectuel et que, pendant tout le siècle qui suivit la mort de Boccace, elle ne produisit que des imitateurs, n'eut aucune heureuse influence.

Montaigne connaissait peut-être quelques livres grecs qui faisaient défaut aux lettrés italiens du xiv⁰ et du xv⁰ siècles, il ne possédait pas mieux qu'eux les auteurs latins, n'avait pas pour Virgile une piété plus grande que celle de Dante, ni pour la vieille Rome un enthousiasme plus vif que celui de Pétrarque. L'érudition de Pétrarque était immense ; elle l'a paralysé, a entravé, sinon éteint son génie. Dans l'œuvre où, sous prétexte de nous prémunir contre la bonne et la mauvaise fortune, il entasse tant de citations indigestes, le grand poète des *Canzone* n'est presque, d'un bout à l'autre, qu'un compilateur fastidieux, un rhéteur illisible.

Montaigne cite en bien des endroits presque autant que lui ; sa personnalité n'en est que plus éclatante, elle n'a pas de marque plus sûre que la faculté de s'affubler d'un tel attirail impunément, sans rien perdre de son aisance, de sa libre allure, de son élan primesautier. Les *Essais* n'ont rien de commun avec une contrefaçon, sont empreints d'un caractère et animés d'un esprit qui ne sont le caractère et l'esprit ni de Plutarque, ni de Sénèque, ni de qui que ce soit. Là même où Montaigne se rencontre avec les anciens, il ne les suit ni ne les imite, n'est pas à leur remorque. Ce que Renan a dit de l'*Ecclésiaste* peut-être dit aussi des *Essais* : Ce livre « s'explique absolument par le développement logique de la pensée de l'auteur », a de grandes analogies en Grèce, fait beaucoup songer à Épicure, à l'école de Cyrène, mais n'est en aucune façon le fruit d'une éducation hellénique. Au fond, en empruntant ou en paraissant emprunter beaucoup, Montaigne ne doit pas grand chose, il ne pense que d'après lui-même. Ses plus fermes imaginations sont celles qui, par manière de dire, naquirent avec lui, elles sont naturelles, toutes siennes [1]; il les produisit « simples et crues, d'une production hardie et forte, mais un peu trou-

---

1. Et encore : « C'est ici purement l'essai de mes facultés naturelles. »

blées et imparfaites » ; plus tard, il les a fortifiées par les exemples des anciens auxquels il s'est trouvé conforme en jugement. Ils lui ont « procuré la pleine possession et la jouissance plus entière de son propre fond ». Cette revendication est parfaitement légitime. Si j'admettais une distinction entre le fond et la forme, entre la pensée et le style, je dirais que quand le fond n'est pas neuf, la forme ne saurait l'être non plus, et que le style des *Essais* est trop personnel, trop original, pour que la pensée ne le soit pas aussi [1].

[1]. Voltaire a indiqué tout cela à grands traits : « Quelle injustice criante de dire que Montaigne n'a fait que commenter les anciens !... Il appuie ses pensées de celles des grands hommes de l'antiquité, il les juge, il les combat... toujours original, toujours plein d'imagination, toujours peintre. »
Voir toute la lettre du 21 août 1746 au comte de Tressan.

# CHAPITRE XVI

### DIFFICULTÉ D'ENTENDRE MONTAIGNE [1].

On a mauvaise grâce à parler de la difficulté d'entendre Montaigne. Elle est grande pourtant et bien avérée. Sainte-Beuve avait inventé une « clé glissante et sorcière », qui lui donnait la certitude d'ouvrir toute « l'enfilade de pensées et arrière-pensées de Montaigne ». Cette clé, qui ne vaut rien, prouve combien il est malaisé de pénétrer partout dans les *Essais*.

Mlle de Gournay a avoué qu'il s'y trouve en effet quelque obscurité, la matière n'étant pas pour les novices : « Ce n'est pas le ru-

---

[1]. Ces pages ne sont pas à la place qui leur conviendrait. Si je les avais mises au commencement de mon travail, le lecteur non préparé croirait que j'exagère le besoin d'une introduction. Après les quinze premiers chapitres, il lira peut-être celui-ci sans défiance.

diment des apprentis,... œuvre non à goûter par attention superficielle, mais à digérer par un très bon estomac; un des derniers bons livres qu'on doit prendre. » Montaigne lui-même ne pensait pas être à la portée de tout le monde ; il s'en est expliqué en termes auxquels on ne fait pas assez attention.

Son humeur n'était « propre non plus à parler qu'à écrire pour les principiants ». Si quelque part il dit que les *Essais* pourront vivoter en la moyenne région, ailleurs il laisse entrevoir qu'il ne s'adresse et ne tombe en partage qu'à ces âmes réglées et fortes, si rares que justement l'espèce n'en a ni nom ni rang entre nous ; les âmes communes et populaires ne voient pas la grâce et le poids d'un discours hautain et délié... Les esprits communs et vulgaires n'y entendront pas assez [1]. Ils n'ont au reste pas

---

1. Livre I, chap. 54, et livre II, ch. 17. A ce dernier endroit, c'est une addition au texte primitif.

besoin d'y rien entendre : ils estimeront l'auteur d'autant plus qu'ils sauront moins ce qu'il dit, ils concluront de la profondeur de son sens par son obscurité. De même qu'en amour Montaigne a grand mépris des accointances vulgaires et ne s'y est jamais adonné, il dédaigne profondément le gros public : l'estimation commune se voit peu heureuse en rencontre, et, de son temps, il se trompe fort si les pires écrits ne sont pas ceux qui ont gagné le dessus du vent populaire. Aussi, bien qu'il chérisse la clarté par-dessus tout et qu'il soit ravi par les braves formes de s'exprimer, il ne craint pas d'arrêter le lecteur par « son embrouillure »; il se permet des façons de parler tout à fait décevantes, des hyperboles prodigieuses, une foule de boutades qu'il hasarde quoiqu'il s'en défie, des discours « trop paradoxes et trop fols », de « certaines finesses verbales » qu'il « laisse courir à l'aventure », se jouant à chaque instant de telle sorte qu'on peut souvent croire qu'il dit « à droite » ce qu'il dit « à feinte ». Ses allégations portent plus d'une fois, hors de son propos, la semence d'une matière plus riche et plus hardie et « à gauche un ton plus délicat », soit pour lui qui n'en veut exprimer davantage, soit « pour ceux qui rencontreront son sens ».

Il ne veut pas être lu comme on lit d'ordinaire, sans application ni suite, par fragments, d'une façon décousue, « en dormant ou en fuyant ». Ayant remarqué que la coupure fréquente des chapitres dont il usait au commencement, dispensait trop d'une attention soutenue, il s'est mis à les faire plus longs, de manière à « requérir de la proposition et du loisir assigné... En telle occupation à qui on ne veut donner une seule heure, on ne donne rien ».

La façon si extraordinaire dont il compose, ou plutôt dont il bâcle son livre, contribue à le rendre presqu'inintelligible par places : sous prétexte que ce n'est qu' « une marqueterie mal jointe », il y attache des « emblèmes surnuméraires », c'est-à-dire qu'avec une licence inouïe, il y intercale des choses dont l'inconvénient n'est pas seulement de troubler, comme il le dit, la chronologie de ses contes, mais, ce qui est infiniment plus grave, de couper en pure perte le sens de quelques-unes de ses meilleures pages, de rompre le fil du discours à tel point qu'on ne le renouerait certainement pas sans le secours de la première édition. Il assure qu'il ne perd jamais son sujet et qu'il n'y a que l'« indiligent lecteur » qui le perd ; cette prétention est insoutenable : le lecteur le plus diligent et le plus habile serait bien en peine de rétablir certaines liaisons complètement détruites par d'énormes additions dont rien n'indique le commencement ni la fin. A certains endroits, Montaigne, au lieu d'éclaircir son texte, semble y jeter exprès la confusion et le désordre, et préparer aux commentateurs dont il médit l'occasion d'une note réellement utile, indispensable.

Ses exagérations, ses contradictions, ses feintes, ses interpolations, ont eu un résultat facile à prévoir : en 1588, il a dit que ni ceux qui le louaient, ni ceux qui le blâmaient, ne lui rendaient une justice exacte. Comme, dans l'édition même où il le constatait, aux causes d'erreur qui existaient et dont il ressentait déjà les effets, il en ajoutait de nouvelles et de pires, cela n'a pas cessé d'être vrai.

Les jugements les plus discordants ont été portés sur lui. Il en avait évidemment pris son parti ; il s'attendait aux interprétations erronées qu'il encourait par sa faute et s'en accommodait volontiers. L'indignation que ses « horribles paroles » ont causée aux messieurs de Port-Royal, ne l'aurait guère surpris. Il se fût diverti d'entendre Fontenelle lui faire honte de ses contradictions trop brusques et n'eût pas tenu compte du *Jugement de Pluton* lui ordonnant de ne plus « accoucher si facilement »[1]. Il est d'autres reproches auxquels il n'a pas dû s'attendre et auxquels il ne se serait peut-être pas résigné. N'aurait-il rien changé à certaines pages, s'il avait soupçonné les méprises dans lesquelles sont tombés de grands esprits admirablement faits pour le bien comprendre, celle de Sainte-Beuve qui l'a cru venimeux et perfide[2], celle de Renan qui l'a pris

---

[1]. Une liste, même très incomplète, des erreurs commises par les commentateurs justement estimés, prendrait une place démesurée. Pour éveiller la défiance des lecteurs, qui ne sera jamais assez grande, je montrerai une faute matérielle de J. V. Leclerc : dans son édition de 1844 (3 vol. Lefèvre), il y a sous le titre du chapitre 37 du livre II, *De la ressemblance des enfants aux pères*, une note pour dire que ce chapitre paraît avoir été écrit après le voyage de Montaigne en Allemagne et en Italie, voyage postérieur à la 1re édition. Comment Leclerc pouvait-il ignorer que ce chapitre se trouve dans cette édition, comme tous les autres chapitres des deux premiers livres ? Ce n'est pas tout : dans ce même chapitre, Montaigne parle de faits qui se sont passés « dernièrement » : Leclerc explique (II, p. 525) que Montaigne en a probablement été témoin pendant le séjour qu'il fit à Paris un peu avant de donner l'édition de 1588. Or ces faits sont racontés dans l'édition de 1580, à la p. 346 de la réimpression Dezeimeris.

[2]. *Port-Royal*, II, 406. Et encore p. 425-6 : « Sa méthode peut se qualifier à bon droit perfide ». A la page 443, on lit qu'il ne doit qu'à son style « l'indulgence plénière de la postérité ».

pour un pyrrhonien véritable [1], et surtout celle du plus grand de nos historiens ?

[1]. Dans l'*Avenir de la Science*, où il se propose d' « inculquer la foi à la raison et à la nature humaine », il se donne pour adversaire de Montaigne et de Pascal, « deux scepticismes très voisins l'un de l'autre ». — Si quelque jour les dialogues des morts reviennent à la mode, il y en aura un joli à faire entre Montaigne et Renan.

# CHAPITRE XVII

## UNE ERREUR DE MICHELET

Michelet a été singulièrement frappé de quelques boutades qui, lorsqu'on les isole, prennent une importance fâcheuse qu'en réalité elles n'ont pas. Il en a noté trois principales : 1° Les lois de la conscience naissent de la coutume [1]; 2° Si j'avais à revivre, je vivrais comme j'ai vécu; 3° Je hais toute nouvelleté. De là, Michelet conclut que les *Essais* sont l'évangile de l'indifférence, que toute loi morale y est méconnue, tout effort pour s'amender jugé inutile.

1. Cette boutade devrait d'autant moins être prise au sérieux qu'elle fait partie d'une des additions auxquelles Montaigne se laissait entraîner par l'habitude de renforcer son texte primitif, un peu étourdiment, sans réfléchir assez à la portée de ce qu'il disait. — Dans une certaine mesure Michelet a peut-être sur ce point une excuse : s'il a connu les notes de Naigeon, il aura été induit en erreur par l'une d'elles.

Il accorde à « ce livre si froid » une profonde admiration littéraire, mais il lui trouve « un certain goût nauséabond, comme d'une chambre de malade ». Il s'écrie : « L'air me manque. Hélas! où est mon ami, le bon Pantagruel? » Il est tenté d'appeler frère Jean des Entommeures pour « secouer ce gentilhomme dont le scepticisme nous anéantit ».

Les erreurs de Michelet sont généralement vénielles, parce qu'elles n'altèrent presque jamais d'une façon très grave le caractère essentiel des hommes ou des choses. Celle dans laquelle il est tombé en jugeant Montaigne, est un contre-sens impardonnable et désastreux. Il avait reconnu que les *Essais* sont un document historique d'un prix rare et bien supérieur à celui de la tardive *Ménippée* [1]; que ne les regardait-il

---

[1]. L'importance des *Essais* est encore plus grande qu'il ne le dit ; elle dépasse peut-être celle de tous les documents qui appartiennent au xvi° siècle, sans même en excepter le *Pantagruel*. Si par malheur celui-ci était perdu, d'autres œuvres inférieures suffiraient pour nous faire comprendre la première phase de la Renaissance ; sans les *Essais* nous n'aurions probablement pas la complète intelligence de la seconde, nous nous expliquerions moins bien une des crises les plus remar-

de plus près! Et comment les qualités de ce style qu'il admirait, cette vigueur de langage, cette fraîcheur d'expression, cette chaleur contagieuse, cette verve si jeune et si entraînante, ne l'ont-elles pas averti de sa méprise?

Je regrette d'insister, mais il le faut, car l'erreur de Michelet fortifie des vues inexactes sur la seconde moitié du XVIe siècle, sur l'issue de notre Renaissance; elle se rattache étroitement au jugement peu équitable qu'un autre écrivain illustre, Edgard Quinet, a porté sur toute notre histoire et que l'on cite souvent avec trop de complaisance. Le mal dont Quinet croyait la France atteinte, la servilité timide qu'il faisait remonter à la conquête romaine, est, au fond, le même mal que celui dont Michelet prétendait trouver les symptômes dans les *Essais* [1].

---

quables de notre histoire. Avant la *Ménippée* et beaucoup mieux qu'elle, ils disent la transformation de l'élite de la société française, pourquoi la Ligue fut vaincue, comment tous les bons citoyens se sont ralliés à Henri IV et bien d'autres choses encore.

1. Ils ne pardonnent ni l'un ni l'autre à la France d'avoir repoussé la Réforme. Michelet reproche à Montaigne de n'avoir déplu qu'à des

A entendre Michelet, on croirait qu'après Rabelais, la Renaissance s'arrête, aboutit à un avortement ou tout au moins à une défaillance, à une sorte de recul dont Montaigne serait le réprésentant.

Je ne retire rien de ce que j'ai jadis accordé à Rabelais, mais je dois ajouter ce qui m'échappait alors : il pousse trop loin l'optimisme. Sans parler des abominations au milieu desquelles il vivait, pour peu que l'on réfléchisse aux conditions inéluctables de tout progrès, on avouera qu'il a trop bonne opinion de l'humanité. « Fais ce que voudras », n'est pas une parole à dire, même en s'adressant aux gens les mieux nés. Par le commentaire qu'il donne à cette maxime, il essaie de nous rassurer : les braves gens de Thélème ne sauraient avoir que de bons

huguenots ; il oublie qu'il a déplu aussi à des catholiques. Si Quinet avait mieux compris ce qui s'est passé au xviᵉ siècle, il aurait été moins dur pour les hommes de 89, aurait parlé autrement de la Constitution civile du clergé et de tout ce qui s'y rattache. — Ce que j'ai dit moi-même sur la fin du xviᵉ siècle dans la *Philosophie de l'histoire de France*, a besoin d'être un peu corrigé : peut-être n'y a-t-il rien à effacer ; certainement il manque quelque chose.

mouvements. Malgré cela, je suis inquiet. J'ai peur que Rabelais, avec toute sa sagesse, ne soit pas exempt de fantaisies chimériques, ne se préserve pas assez d'une ivresse un peu extravagante. S'il avait vécu quelques années de plus, il eût sans doute donné à ses Thélémites une consigne plus étroite. Il n'aurait plus dit : « Le noble royaume de France prospérera en tous plaisirs et délices; nulle peste, nulle guerre, nul ennui »; il n'aurait plus parlé du repos assuré et de la félicité de ce tant florissant royaume, ni répété que le monde échappait décidément à la sottise et à la folie. Il aurait trouvé que son bon géant avait mieux à faire qu'à « secouer le gentilhomme » auteur des *Essais*, et que frère Jean était trop nécessaire à la défense de sa vigne pour qu'il fût possible de lui demander une autre besogne.

Avec Montaigne, nous rentrons dans la réalité que Rabelais avait trop perdue de vue. Le ciel, radieux un instant et propice aux beaux rêves, s'est obscurci. Il apparaît que le retour à la nature n'est pas chose si simple et si facile que l'imaginait Gargantua quand il fondait son abbaye, et qu'une exacte discipline est indispensable. Un premier pas avait été fait : l'humanité était réhabilitée et la condamnation portée contre elle par le christianisme et confirmée par la Réforme, avait été infirmée par Rabelais. Restait un second pas, moins brillant mais non moins considérable : l'émancipation eût été précaire si elle n'avait été suivie de l'établissement d'une règle, unique garantie contre une recrudescence de la folie dont on sortait à peine : l'effort vers le juste milieu, loin de contrarier le retour à la nature, en est le complément nécessaire.

Il est vrai que Montaigne n'attaque pas les moines comme l'avaient fait Érasme, Rabelais et, bien avant eux, saint Jérôme. Il ne revendique pas assez énergiquement la liberté de penser; mais comparez ce qu'il dit de la tolérance en matière religieuse, avec le langage lamentable dicté à Érasme par les circonstances ou par une conviction ferme, et surtout remarquez les dates : quand Rabelais écrit ses premiers livres, la réaction catholique n'a pas commencé, les papes sont plus qu'indulgents, les Jésuites à peine institués et complétement inconnus, l'œuvre du concile de Trente seulement ébauchée et bientôt interrompue. D'ailleurs Rabelais proteste contre « la calomnie atroce des cannibales » qui lui imputent des hérésies.

Il y a une prudence lâche; il y en a une hardie, et je ne sais si celle de Montaigne ne l'est pas encore plus que celle de Rabelais. En tout cas, elle ne lui a pas imposé de sacrifice comparable à celui que Descartes fit en supprimant son traité d'optique, ni même à la page du *Discours préliminaire de l'Encyclopédie*, dans laquelle d'Alembert a gravement parlé de la religion révélée qui nous instruit d'une partie de ce qu'il nous est absolument nécessaire de connaître, et qui, entre autres lumières qu'elle nous a communiquées, fournit « la science des esprits ».

Michelet trouve mauvaise l'attitude de Montaigne. La Boétie, pour qui il a tant de sympathie et dont le livre lui paraît héroïque, avait songé à la retraite et même à s'expatrier. Le livre *de la Sagesse*, où il n'y a rien de plus que dans les *Essais*, faillit être « exterminé » et en préparant la seconde édition, Charron avait dû adoucir ou supprimer plusieurs passages. Ramus et Bayle ont regretté que Castellion se fût mêlé aux polémiques religieuses, au lieu de se réserver pour le service de la république des lettres. Guillaume d'Orange, à qui on ne marchande pas les éloges, était, précisément au moment où Montaigne faisait retraite, plongé dans une inertie funeste et prolongée que ses panégyristes déplorent.

Michelet reproche encore à Montaigne de dire son découragement. Mais le vaillant La Noue, qui trouvait mal plaisant à qui aime son pays, d'en découvrir les turpitudes et annoncer les désastres, n'en croyait pas moins devoir constater la décadence de la France, et exposer le danger où elle était de faire un terrible naufrage.

L'éclatante gaîté de Rabelais ne doit pas faire oublier que le moyen âge, tout en répugnant au rire, avait connu des joies profondes (songez à saint François d'Assise), et que la Renaissance ne fut pas toujours aussi amusante que *Pantagruel*. C'est le temps de Machiavel, de Calvin, de Loyola. Michel-Ange a fait dire à sa Nuit la douceur d'être impassible, de dormir sans rien voir ni entendre *mentre ch'il danno e la vergogna dura*. George Sand a traduit dans une page immortelle la tristesse implacable d'Holbein.

Quelques accès bien explicables de découragement n'enlèvent pas à Montaigne le ressort admirable qui relève la France de chutes auxquelles les autres peuples sont peut-être moins exposés, mais dont ils ne guériraient pas. Montaigne a de terribles appréhensions ; il « n'entre pas au désespoir », il lui semble « voir des routes à nous sauver ». Qui sait « s'il n'en sera pas de la France comme de ces corps qui se purgent et remettent en meilleur état par longues et grièves maladies, lesquelles leur rendent une santé plus entière et plus nette que celle qu'elles leur avaient ôtée » ? Il n'a pas la manie si commune et si insupportable de vanter le passé aux dépens du présent : il sait que le temps qui a précédé sa naissance ne valait pas beaucoup mieux que celui où il vit : « Nous ne sommes chus de guère haut... C'était une jointure de membres gâtés, d'ulcères envieillis qui ne recevaient plus de guérison ». A tout prendre, il estime son siècle, « avec ses défauts, ses vices, ses sottises, autant qu'aucun autre passé » et ne croit pas les esprits de son temps plus ineptes ni moins fertiles que ceux du temps d'Homère ou du temps de Platon. En insistant sur le triste état de la France, il a soin de noter que les autres pays ne sont guère en situation meilleure : « Tournons les yeux partout : tout croule autour de nous. En tous les grands États, soit de la chrétienté, soit d'ailleurs, vous trouverez une évidente menace de ruine. » Quant à la haine des réformes qui fâche si fort Michelet, elle était, en bien des matières, naturelle, presque fatale, à l'heure où Montaigne écrivait; l'innovation « qui est de grand lustre », semblait, comme il le dit, interdite en un temps où l'on n'était pressé et l'on n'avait à « se défendre que des novelletés ».

Regardez sans prévention : les caractères essentiels de la Renaissance ne sont pas marqués moins nettement chez Montaigne que chez Rabelais. Les meilleurs juges ont reconnu que dans l'épopée française l'absence de physionomies distinctes est sensible, que les barons, incapables de sortir d'un horizon assez factice, sont à peine des hommes, que la vie manque partout, que les lignes sont rigides et sèches, les mouvements raides. Ce que M. Gaston Paris a dit à propos de la *Chanson de Roland*, est vrai de la littérature du moyen âge presque tout entière. Pour s'assurer que dans les *Essais* il n'y a ni défaillance, ni retour au passé, il suffirait presque de savoir qu'ils existent, d'en lire la première page : se prendre soi-même comme sujet d'un livre ! Pascal avait de bonnes raisons pour blâmer cette idée ; en disant que c'était un sot projet, il entendait reprocher à Montaigne autre chose que d'avoir manqué d'esprit : il estimait que faire ainsi son propre portrait, était une entreprise inouie, dangereuse, malsaine, et peut-être, en effet, était-ce plus grave et plus téméraire que bien des hérésies.

L'homme capable d'entreprendre une telle œuvre; l'homme qui assigne à la vie humaine un discipline purement humaine, fournie par la connaissance des faits et des choses, par l'expérience, et veut, au rebours de ceux qui ont « artialisé la nature », « naturaliser l'art »; l'homme qui pense et enseigne à penser avec une entière liberté, qui combat victorieusement les terreurs de l'antique superstition, cet homme-là ne recule pas; il avance, d'un pas ferme, dans la voie où Rabelais l'a précédé [1].

[1]. Sur certains points graves, l'opinion de Montaigne est plus voisine de la nôtre que celle de Rabelais. Par exemple, selon Rabelais la femme est inférieure à l'homme; Montaigne ne la flatte pas, ne la croit pas très capable d'une amitié véritable; à cela près, il ne la trouve nullement inférieure à l'homme. Il termine un chapitre où il est beaucoup question d'elle, par ces mots : « Je dis que mâles et femelles sont jetés dans un même moule; sauf l'institution et l'usage, la différence n'y est pas grande..... Il est plus aisé d'accuser un sexe que d'excuser l'autre. »

# CHAPITRE XVIII

#### APRÈS MONTAIGNE

Je n'entreprendrai pas de dire quelle influence Montaigne eut sur le XVII<sup>e</sup> et sur le XVIII<sup>e</sup> siècles. Elle fut peut-être plus grande qu'on ne le croit et que ne l'ont avoué quelques-uns de ceux qui paraissent l'avoir sentie le mieux. Dans un livre où Rousseau est célébré comme un des principaux auteurs de la Révolution française, le girondin Mercier a remarqué qu'il avait beaucoup lu Montaigne et l'avait souvent mis à profit « sans trop le citer »; il aurait dû dire : sans le citer assez. Rousseau n'est pas seul dans ce cas; des arguments plausibles ne feraient pas défaut pour soutenir que bien d'autres que lui doivent aux *Essais* une bonne partie de ce qu'ils ont de meilleur. J'irais volontiers jusqu'à attribuer à Montaigne une action capitale sur les destinées de notre pays. Mais, après tout, quelle certitude ai-je que, sans lui, l'histoire de France eût été sensiblement différente de ce qu'elle est ?

Nous rattachons souvent les uns aux autres des faits entre lesquels il n'y a pas la liaison intime, l'étroite dépendance que nous y mettons ; nous prenons une coïncidence fortuite pour un enchaînement logique, l'occasion pour la cause. L'histoire de Lancelot hâta peut-être la perte de Francesca, mais tôt ou tard une lecture moins dangereuse aurait été sans doute interrompue de même. Quand je vois la Bible employée pour défendre presque en même temps l'autorité despotique de Louis XIV et la Révolution d'Angleterre, j'imagine que Bossuet et Cromwell se seraient passés facilement des textes sur lesquels ils se sont appuyés, et que la politique de l'un ne vient pas plus de l'Écriture sainte que celle de l'autre. Quand j'entends imputer à Rousseau la Constitution républicaine de 1793, je m'étonne que l'on oublie tant de discours et d'écrits où la Constitution de 91 est présentée comme issue du *Contrat social*.

Bien souvent, là où nous avons des motifs plus sérieux pour croire à une influence, il s'est passé quelque chose d'analogue à ce que Montaigne explique si bien, en disant qu'il se sert des textes anciens pour leur faire signifier ce qu'il veut, sans le moindre souci de ce qu'ils veulent, les forçant au besoin, les déviant de leur sens, les prenant pour instruments et non pour source d'inspiration.

Pascal lui-même ne dépend peut-être pas des *Essais* autant qu'il en a l'air : « Ce n'est pas dans Montaigne, dit-il, mais dans moi, que je trouve tout ce que j'y vois. »

Si nous ne pouvons dire au juste ce que nos grands penseurs et nos grands écrivains doivent à Montaigne, au moins certains rapprochements sont-ils permis : l'héritage est contestable, les ressemblances ne le sont pas. Au lieu de nous évertuer à démêler une filiation d'idées à l'appui de laquelle nous n'avons pas de preuves authentiques, voyons jusqu'à quel point Montaigne s'accorde avec les hommes qui représentent le mieux le génie de notre nation et en particulier avec ceux du xviii$^e$ siècle.

Entre lui et Descartes, les affinités sont frappantes. Presque toute la seconde moitié de l'apologie de Sebond est résumée à l'endroit du *Discours de la Méthode* où sont exposés « la résolution de se défaire de toutes les opinions qu'on a reçues auparavant en sa créance » et le plan tracé pour « ne rien croire trop fermement de ce qui n'est persuadé que par l'exemple et la coutume ». Sans m'arrêter davantage au doute méthodique qui leur est commun, je remarque ces paroles de Descartes : « La philosophie que je cultive n'est pas si barbare ni si farouche, qu'elle rejette l'usage des passions ; c'est en lui seul que je mets toute la douceur et la félicité de cette vie, et, bien qu'il y ait plusieurs de ces passions dont les excès sont vicieux, il y en a toutefois quelques autres que j'estime d'autant meilleures qu'elles sont plus excessives... Vous inférez de ce que je les ai étudiées, que je n'en dois plus avoir aucune ; tout au contraire, en les examinant je les ai trouvées tellement utiles à cette vie, que notre âme n'aurait pas sujet de vouloir demeurer jointe à son corps un seul moment, si elle ne pouvait les ressentir... Il est juste d'avoir de l'indignation et j'en ai souvent contre l'ignorance de ceux qui veulent être pris pour doctes lorsque je la vois jointe à la malice... Je ne voudrais pour rien au monde qu'il sortît de moi un discours où il se trouvât le moindre mot qui fût désapprouvé de l'Église... J'ai le désir de vivre en repos, en prenant pour devise *bene vixit qui bene latuit.* » En bien d'autres endroits encore, il semble à quelques mots près, que Descartes copie Montaigne [1].

La Rochefoucauld, s'il a lu les *Essais*, y a rencontré bien des observations et des réflexions auxquelles il n'a pas eu grand'chose à changer pour en faire plusieurs de ses *Maximes.*

La parenté de La Fontaine et de Molière avec Montaigne n'a pas besoin d'être rappelée. Celle de Racine, quoique moins visible et moins étroite, existe cependant : voyez ce qu'il dit d'une action simple, qui ne trahit nulle part le bon sens, ne s'écarte jamais du naturel, se passe de jeux de théâtre et de déclamation, et n'est soutenue que par les intérêts, les sentiments, les pas-

---

[1]. Par exemple, quand il dit : « Si un homme vaut plus lui seul que tout le reste de sa ville, il n'aurait pas raison de vouloir se perdre pour la sauver. »

sions. Il conduit son œuvre exactement comme Montaigne veut que l'on conduise la vie, par naturels ressorts, ordonnement, sans artifice, avec mesure et convenance. Comme Montaigne, qui en se peignant néglige les événements et les scènes au milieu desquels son existence s'est écoulée, il ne peint ses personnages que par les mouvements de leur âme, par le développement du caractère et des passions, non par les actes.

En souhaitant de bons écrits pour « clouer à eux » notre langue qui s'écoulait et fuyait, qui avait assez d'étoffe, mais pas assez de façon ; en demandant qu'on lui donnât du prix, non tant par innovations que par de vigoureux services ; en dénonçant la misérable affectation d'étrangeté des écrivains qui dédaignent la route commune, Montaigne a tracé le programme littéraire du XVIIe siècle et en particulier celui de Boileau [1].

---

1. Ce que Boileau dit des formalités, matérialités, entités, identités, virtualités, eccéités, polycarpités, et autres êtres imaginaires

Si je ne nomme pas La Bruyère, Mme de Sévigné et quelques autres, ce n'est pas que je les oublie ; je me borne aux mentions auxquelles j'attache un prix particulier, et j'ai hâte d'arriver au xviiie siècle.

Voltaire poursuit ce que « le plus sage et le plus aimable des philosophes »[1] avait commencé, et Buffon exécute l'œuvre annoncée par cette ligne des *Essais* que je voudrais inscrire comme épigraphe en tête de l'*Histoire naturelle* : « Présenter la grande image de notre mère nature en son entière majesté[2]. »

---

que l'université veut maintenir, parce que si on les bannissait, ce serait la totale subversion de la scolastique, peut avoir été inspiré par maints passages des *Essais*. Selon Daunou, les *Essais* étaient un des livres que Boileau « lisait avec le plus de délices ».

1. Voir page 74 du t. XLII de l'éd. Beuchot. Il s'agit de la crédulité humaine : « Ecoutez Montaigne, il dira bien mieux que moi. » Suit une longue citation du chapitre des boiteux, qu' « on doit lire tout entier ». Les ressemblances entre Montaigne et Voltaire sautent aux yeux ; la recherche des dissemblances serait instructive, mais, pour la faire bien, il faudrait entrer dans des développements qui n'ont pas leur place ici. Le rapprochement est à essayer ; celui avec Pascal séduit également mais serait plus périlleux ; il y a dans les *Pensées* trop de choses qui ne sont peut-être pas conformes aux intentions de Pascal.

2. Victor Leclerc, dans une note sur le chapitre 6 du livre II des *Essais*, dit : « Buffon s'est rappelé certainement plusieurs idées de ce chapitre. » Je ne sais si, en effet, Buffon s'est souvenu de Montaigne ; en tout cas l'assertion de Leclerc prouve une frappante conformité d'idées.

Mais les autres? N'ont-ils pas eu cet esprit classique dont on fit tant de bruit il y a vingt ans?

Les principaux caractères attribués à cet esprit sont l'abus des abstractions, le dédain de l'expérience, l'ignorance de la complexité et de l'infinie variété des choses, la manie de « fermer les yeux sur l'homme réel » pour bâtir une doctrine sur « la notion de l'homme en général, de l'homme en soi, le même dans toutes les conditions, dans toutes les situations, dans tous les siècles ». Non seulement Montaigne n'a pas cet esprit-là, mais il le dénonce et réprouve en termes tels qu'on n'en saurait imaginer de plus nets ni de plus forts. Dans la première édition des *Essais* on lisait déjà: « Autant d'actions, autant faudrait-il de jugements particuliers; le plus sûr serait de les rappeler aux circonstances voisines sans en conclure autre conséquence. » En 1588, Montaigne va plus loin: il n'admet pas que

« nulle qualité nous embrasse purement et universellement; » il blâme les auteurs qui « choisissant un air universel, s'en servent pour aller rangeant et interprétant toutes les actions et paroles d'un personnage »; il trouve malaisé de les attacher les unes aux autres, et même, considérant chacune d'elles à part soi, « malaisé de la désigner proprement par quelque qualité principale, tant elles sont doubles et bigarrés à divers lustres »; c'est-à-dire qu'il est tout près de tomber dans l'excès opposé à celui auquel conduit l'esprit classique.

Les hommes du xviiie siècle ont-ils pensé autrement que lui? Ont-ils eu une doctrine faite d'abstractions, au mépris de l'histoire et de l'expérience? Ont-ils préparé la Révolution française par des théories chimériques? En aucune façon.

Depuis le moyen âge, l'esprit classique n'a reparu sérieusement que de nos jours, chez ces psychologues prompts à le découvrir là où il n'existe pas, parce que, le portant en eux, ils le voient partout. Inventer un ressort, une doctrine, pour expliquer des faits qu'on ne prend pas la peine d'étudier convenablement, prêter à chaque personnage une « faculté maîtresse » et lui coller une petite étiquette, c'est avoir, comme les réalistes qui accordaient aux genres et aux espèces une existence propre, cet esprit répudié par le xviiie siècle, aussi bien que par Montaigne.

Les écrivains qui, au xviiie siècle, ont célébré l'état de nature, n'ont fait que commenter et développer le chapitre des *Cannibales*, dans lequel, aux fruits « que nature a produits de soi et de son progrès naturel », sont opposés « les fruits que nous avons attirés par artifice et détournés de l'ordre commun ». Montaigne loue ces nations qu'on traite de barbares et dont il apprend des choses qui surpassent toutes les peintures de l'âge d'or [1]. Les récits des voyageurs, ou son expérience, lui suggèrent les mêmes paradoxes que l'on a pris pour des effets de l'esprit classique. Tout cela est à peu près aussi sérieux que l'envie de marcher à quatre pattes que Voltaire eut en lisant le *Discours sur l'inégalité*. En général les hommes du xviiie siècle ont, comme Montaigne, la défiance des artifices et des systèmes. Ils savent que les nouveautés, les innovations brusques, heurtent le plus souvent la nature des choses. La hardiesse des idées n'exclut pas la prudence des conseils et des résolutions, même chez un théoricien comme Siéyès : comparez son langage dans *Qu'est-ce que le Tiers-État* avec les *Délibérations à prendre par les Assemblées de baillages*. Quand Montaigne réprouve les amendements hasardeux qui coûtent la ruine et le sang des citoyens ; quand il dit qu'on ne doit pas faire

---

[1]. Ailleurs, il examine s'il n'y aurait pas moyen de vivre nu dans tous les climats.

violence à son pays sous prétexe de le régénérer, que vouloir refondre une grande nation et changer les fondements des États, c'est affaire à ceux qui veulent guérir les maladies par la mort ; quand il demande s'il peut se trouver autant de profit que de mal à attaquer une loi reçue, telle qu'elle soit, et paraît approuver cette république antique où la proposition d'en abolir une, entraînait la peine capitale en cas de rejet par le peuple ; quand il montre que les descriptions de police feinte par art, se trouvent ridicules et ineptes à mettre en pratique, que les longues altercations sur la meilleure forme de société ne sont propres qu'à exercer l'esprit, et que telle police qui serait de mise en un nouveau monde ne l'est pas en un vieux, parce qu'un monde formé à certaines coutumes, ne se laisse pas tordre de son pli accoutumé sans risque de briser tout ; il ne dit rien qui n'ait été redit au xviiie siècle, particulièrement par Rousseau, en termes tels que nous avons peine à ne pas croire, sinon à un plagiat, du moins à une fidèle réminiscence. On a écrit des volumes pour montrer l'influence de Rabelais, de Montesquieu, de Rousseau, sur la Révolution française; il n'eût pas été difficile d'en faire un plus solide pour rapprocher des *Essais* les écrits, les rapports, les discours dans lesquels il y a comme un écho des leçons de Montaigne.

Je répéterai ici ce que je croyais avoir dit assez autrefois ; il est malheureusement à craindre que ce ne soit bon à rappeler longtemps encore.

Montaigne avait parlé de l'immodération vers le bien qui fait qu'on peut « se porter excessivement en une action juste ». Trouvant, non seulement du danger, mais « une sorte d'injustice » à choquer les habitudes du peuple par des réformes trop promptes, Condorcet veut que, dans certains cas, pour être tout à fait équitable en suivant la voix de la vérité, on attende que l'opinion publique s'y conforme. Il enchérit même sur Montaigne ; il déclare que la justice risque d'être injuste, si elle surprend un peuple qui n'est pas préparé à la recevoir.

Les hommes de la Révolution étaient si peu entêtés d'une doctrine, qu'ils ont, en quelques mois, donné aux problèmes les plus graves des solutions diamétralement opposées les unes aux autres : de monarchistes très fermes, ils sont devenus républicains ; ils ont commencé par la Constitution civile du clergé et sont arrivés à séparer complètement l'Église de l'État. Les Constituants ne se sont pas lassés de répéter qu'avant de faire des lois pour une nation déjà vieille, ils étaient obligés de compter avec son passé et ses traditions. En 1791, Barère insistait sur les bornes imposées par les circonstances, par l'état des choses et des esprits, et préconisait une « sagesse timide » pareille à celle qui inspire maint passage des *Essais*. Montaigne eût applaudi le rapport, imprimé par ordre de la Convention, dans lequel, en 1793, Saint-Just disait qu'il ne saurait exister un bon traité d'économie politique, parce que ce qui se passe en Angleterre ou ailleurs n'a rien de commun avec ce qui se passe en France, et finissait par affirmer que c'est dans la nature même de nos maladies qu'il faut chercher nos remèdes. Ces hommes qu'on dit aveuglés par les abstractions, étaient si attentifs à la réalité qu'ils ont justifié leurs réformes par la variété et l'instabilité des choses : « L'homme de tous les pays, disait Mercier, n'est plus au commencement de l'année, le même homme que l'année précédente; tout dans l'univers subit un changement successif, le génie des nations change, et la législation la plus haute ne peut trouver aucune donnée que dans le génie actuel du peuple pour le constituer actuellement. » L'origine de tout cela pourrait bien être dans les *Essais*, dont les hommes de 1789 étaient presque tous imbus[1]. A la tribune de la Constituante, où les écrivains du xviiie siècle avaient tant de crédit, on a, sans rencontrer de contradicteur, parlé de Montaigne comme du plus sensé peut-être et du plus lu des philosophes, « celui de toutes les heures et de presque toutes les saisons »[2]. André Chénier le mettait à la tête des maîtres qui ont enseigné à penser librement. Rabaut-Saint-Étienne le rangeait parmi les précurseurs de la Révolution.

Rien n'autorise à prétendre qu'il était plus écouté qu'aimé. Sainte-Beuve a opposé aux funérailles de M. de Saci, celles qu'il imaginait pour Montaigne : tandis qu'une centaine de religieuses accompagnent de leurs prières émues le cercueil du premier, derrière le cercueil du second personne n'est

---

[1]. La façon dont Mirabeau les a cités dans l'*Essai sur le despotisme* montre qu'ils lui étaient très familiers.

[2]. Voir le rapport présenté par Prugnon et adopté par la Constituante le 28 mai 1791, séance du matin. — Vers la même époque La Harpe a dit : « Les *Essais* sont le livre de tous ceux qui lisent et même de ceux qui ne lisent pas. »

affligé sérieusement, Mlle de Gournay ne pleure que par cérémonie [1], seul peut-être, Pascal prie. Sainte-Beuve a mal regardé : dans le cortège où il affirme qu'il n'y a pas de regrets sincères, je vois une jeune fille qui, non contente de Plutarque pour maître et de Rousseau pour bréviaire, a choisi Montaigne pour ami [2]. Une larme de celle qui s'appelera un jour Mme Roland vaut bien les larmes de Port-Royal.

Il y avait autrefois dans les jardins d'Ermenonville un temple inachevé : six colonnes portaient les noms de Descartes, Newton, Voltaire, Montesquieu, Rousseau et Penn ; le monument était dédié à Montaigne. Le marquis de Girardin, qui avait oublié plusieurs personnages dignes d'une

[1]. Pourquoi ne pas vouloir qu'elle fût attachée à son père adoptif ? Et pourquoi écarter Mme de Montaigne ? Pourquoi n'aurait-elle pas eu d'affection pour un tel mari ?

[2]. Elle ajoutait : « Ce nom d'ami dit tout ». Elle se sentit de sa famille sitôt qu'elle commença à le connaître. « Il me semble que son énergie et sa franchise ont de l'analogie avec mes propres dispositions », écrivait-elle. Elle ne tarda pas à l'adjoindre à ses deux autres guides, à le souhaiter pour société journalière. — C'est aussi une femme, George Sand, qui au XIXe siècle paraît l'avoir entendu mieux que la plupart des critiques et des commentateurs.

colonne, ne s'était pas trompé en choisissant le patron du temple. C'était bien le nom de Montaigne qu'il convenait d'inscrire au fronton d'un édifice érigé comme symbole de la philosophie moderne.

On aurait dû y joindre la date du 28 février 1571. Les jours illustrés par la fantaisie de certains hommes, celui que Dante a choisi pour s'égarer dans la forêt obscure, celui auquel Montaigne a fixé sa retraite, sont à retenir avec autant de soin au moins que beaucoup de ceux dont on encombre les manuels d'histoire, et méritent, mieux que bien des anniversaires fameux, d'être célébrés pieusement.

# TABLE

|  | Pages. |
|---|---|
| Avant-propos. . . . . . . . . . . | I |
| Note bibliographique. . . . . . . . . | VII |
| Tableau chronologique . . . . . . . | IX |
| Chapitre   I. — Une page de la Boétie . . | 1 |
| —   II. — Le serment de 1562 . . . | 17 |
| —   III. — L'inscription de 1571 . . . | 29 |
| —   IV. — L'avis de 1580. . . . . . | 49 |
| —   V. — Le vieil homme et le nouveau . . . . . . . . | 61 |
| —   VI. — Égoïsme et indifférence . . | 83 |
| —   VII. — Scepticisme . . . . . . . | 101 |
| —   VIII. — Le troisième dessein . . . | 113 |
| —   IX. — Polémique à outrance . . | 131 |
| —   X. — Religion. . . . . . . . . | 151 |
| —   XI. — Science. . . . . . . . . | 175 |
| —   XII. — Morale . . . . . . . . | 191 |
| —   XIII. — Juste milieu . . . . . . | 223 |
| —   XIV. — La conclusion des Essais. | 243 |
| —   XV. — Les emprunts . . . . . . | 253 |
| —   XVI. — Difficulté d'entendre Montaigne . . . . . . . . | 273 |
| —   XVII. — Une erreur de Michelet . . | 281 |
| —   XVIII. — Après Montaigne . . . . | 295 |

PARIS. — IMP. FERD. IMBERT, 7, RUE DES CANETTES.

Armand COLIN & Cⁱᵉ, Éditeurs, Paris.

## Rabelais, sa personne, son génie, son œuvre, par M. Paul Stapfer, doyen de la Faculté des lettres de Bordeaux. 1 vol. in-18 jésus, broché . . . . . . . . . . . . . . . . . . . . . . . . 4 »

Cette étude se compose de cinq parties : la première contient la *vie authentique de Rabelais, avec un aperçu de son ouvrage*; la deuxième analyse les *satires*, après avoir défini l'esprit satirique d'un auteur essentiellement différent de tous les auteurs satiriques ; la troisième dégage et met en lumière ce qu'on peut extraire d'*idées morales* de la philosophie diffuse du penseur le moins systématique qui fut jamais. C'est là qu'on verra ce que Rabelais pensait de la guerre, de la société politique, du mariage, de l'éducation, de la religion, de l'âme et de Dieu ; la quatrième, consacrée à l'*invention comique*, étudie la fable, les caractères, l'essence du comique de Rabelais, ses ancêtres littéraires et sa postérité ; la cinquième enfin étudie son *style*, c'est-à-dire de tous les charmes du grand écrivain, le plus solide et le plus durable.

## Victor Hugo, le poète, par M. Charles Renouvier. 1 vol. in-18 jésus, broché. . . . 3 50

L'auteur a écrit pour ce public, de plus en plus nombreux, qui s'intéresse aux problèmes souverains de l'Art. Il s'est proposé de faire, en même temps qu'une étude littéraire, la psychologie du poète et de l'homme dans le poète. Il s'est préoccupé de faire ressortir l'artiste incomparable, le grand modeleur de formes qui a créé, on peut le dire, une langue poétique nouvelle. L'un des chapitres de son livre renferme, sur cette question si importante et tout à fait à l'ordre du jour : *Quel est le rôle du rythme en poésie?* une théorie nouvelle et approfondie.

Dans le dernier chapitre : *l'Homme dans le poète*, après avoir résumé ses vues esthétiques sur l'œuvre de Victor Hugo, l'auteur s'applique à formuler son jugement sur la valeur qu'il convient d'attribuer au poète « considéré d'une distance qui commence à être celle de la postérité ».

Armand COLIN & C<sup>ie</sup>, Éditeurs, Paris.

## Voltaire, Études critiques, par M. EDME CHAMPION. 1 vol. in-18 jésus, broché . . . . . . . . 3 50

M. Champion veut montrer, par un petit nombre d'exemples, qu'il y a à prendre, chez Voltaire, d'autres leçons que des leçons de polémique, qu'il est plein d'enseignements trop négligés, et qu'il faut corriger, au moins en partie, ce qui a été dit sur lui par les meilleurs juges. Il démontre que Voltaire fut presque aussi gravement méconnu par ceux qui se réclament de lui que par ses pires adversaires.... Le livre de M. Edme Champion, où se rencontrent d'excellentes choses, mérite l'attention et le bon accueil de tous les gens de bon sens. Il apporte sur bien des points une lumière nouvelle et précieuse. *(Journal des Débats.)*

Le volume de M. Edme Champion sur Voltaire est un chef-d'œuvre dans son genre, écrit, chose rare, par un homme qui a lu tout Voltaire et le connaît sur le bout des doigts.

G. MONOD. *(Revue historique.)*

## Génie et Métier, par M. HIPPOLYTE PARIGOT. 1 vol. in-18 jésus, broché . . . . . . . . . 3 50

Génie et métier de Corneille. — *Polyeucte.* — *Saint-Genest.* — *L'École des Femmes.* — *Les Plaideurs.* — Bilan de Regnard. — Vaudeville et comédie de mœurs : *Le Barbier de Séville.* — Manuscrits originaux. — « Dialogues des Morts ». — Naturalistes.

Les questions de théâtre sont brûlantes plus que jamais. La comédie d'Augier et de Dumas fils a-t-elle vraiment fait son temps? Le théâtre de demain est-il réellement ce théâtre des idées et du symbole dont nous cherchons des modèles à l'étranger? Satisfera-t-il ce besoin du nouveau qui nous détache peu à peu des formes périmées? Et à quelles conditions? Tel est le problème que se pose M. Parigot. Les conclusions méritent d'être méditées par les imprudents qui pensent puiser dans leur génie encore hypothétique le droit d'ignorer la technique de leur métier. *(Revue de Paris.)*

*Armand COLIN & C*$^{ie}$*, Éditeurs, Paris.*

## Histoire de la Langue et de la Littérature française, des Origines à 1900, ornée de planches hors texte en noir et en couleur, publiée sous la direction de M. L. PETIT DE JULLEVILLE, professeur à la Faculté des lettres de l'Université de Paris.

| | | |
|---|---|---|
| TOME I. | Moyen âge. Des Origines à 1500 (*1re partie*). 1 vol. in-8, broché | 16 fr. |
| TOME II. | Moyen âge. Des Origines à 1500 (*2e partie*). | 16 fr. |
| TOME III. | Seizième siècle. | 16 fr. |
| TOME IV. | Dix-septième siècle (*1re partie*, 1601-1660). | 16 fr. |
| TOME V. | Dix-septième siècle (*2e partie*, 1661-1700). | 16 fr. |
| TOME VI. | Dix-huitième siècle. | 16 fr. |
| TOME VII. | Dix-neuvième siècle (*Période romantique*, 1800-1850) | 16 fr. |
| TOME VIII. | Dix-neuvième siècle (*Période contemporaine*, 1850-1900). | *En cours de publication.* |

Chaque volume, avec reliure amateur, 20 fr.

Cette entreprise littéraire a ceci de particulier, c'est qu'elle n'est pas l'œuvre d'un seul, ni même celle de trois ou quatre collaborateurs... Le nombre des collaborateurs à l'ouvrage total est de quarante-quatre. On peut espérer que chaque partie de l'ouvrage sera fortement conçue, qu'elle contiendra sur un point donné des recherches absolument originales et offrira « le dernier état de la science ». C'est la pensée qui a dirigé et soutenu M. Petit de Julleville et qu'il a su faire partager à ses divers collaborateurs... Les premiers volumes donnent une idée avantageuse de ce que sera l'ensemble. Chacun des chapitres se recommande par le nom seul de l'auteur. On s'est adressé pour les rédiger à des spécialistes : il est tel de ces chapitres qui résume en cinquante pages des recherches patientes, continuées pendant des années; il en est d'autres qui offrent comme un raccourci de livres antérieurement publiés et jouissant déjà d'une légitime notoriété.

L'*Histoire de la Langue et de la Littérature française* s'adresse à tous et est indispensable à tous, aux hommes d'étude aussi bien qu'au grand public — j'entends celui qui lit et qui pense, qui ne se paie pas de mots, mais demande des faits précis et des connaissances exactes.

E. BOURCIEZ. (*Revue critique d'histoire et de littérature.*)

Armand COLIN et Cⁱᵉ, Éditeurs, Paris.

## Montaigne et ses amis, par M. Paul Bonnefon, bibliothécaire à l'Arsenal. Les 2 vol. in-18 jésus, brochés . . . . . . . . . . . . . . . . 7 »

« Montaigne se présente volontiers à nous, a dit Sainte-Beuve, donnant la main à son ami Étienne de La Boétie, suivi de sa fille d'alliance Mˡˡᵉ de Gournay, et accompagné de son second et disciple Charron. »

Ces mots du grand critique pourraient servir d'épigraphe aux deux volumes que M. Paul Bonnefon a consacrés à *Montaigne et ses amis*, et dans lesquels figurent, à côté du portrait en pied de Montaigne, les médaillons de La Boétie, de Charron et de Mˡˡᵉ de Gournay. Expliquer le plus personnel des livres en essayant de déterminer le caractère vrai de son auteur, tel est le but que s'est proposé M. Paul Bonnefon. Aucune étude complète n'avait été écrite avant celle-ci, qui, mêlant la biographie de l'écrivain à l'examen de son œuvre, commente l'une par l'autre et en fait ressortir l'unité.

## Lamartine, poète lyrique, par M. Ernest Zyromski, maître de conférences à l'Université de Bordeaux, 1 vol. in-18 jésus, broché . . . . 3 50

Dans cet ouvrage, M. Zyromski s'est proposé d'expliquer les caractères du lyrisme de Lamartine. Dans la première partie, il passe en revue les éléments d'inspiration que le poète a trouvés dans la Bible, Chateaubriand et J.-J. Rousseau, Ossian, Pétrarque et l'Italie. Dans la seconde, il montre comment ces éléments se combinent et se fondent pour donner au chant lyrique son intensité et son ampleur. On trouvera dans cette seconde partie le commentaire d'une méthode nouvelle pour saisir la vie intérieure du génie et expliquer sa projection sur l'univers.

Ce livre, écrit avec une « sympathie fervente », est l'œuvre d'un esthéticien subtil et passionné ; tous ceux — et ils sont nombreux — à qui est chère la gloire du plus grand des lyriques français, le liront avec profit et plaisir.